Platon
Phaidon

Übersetzung von
Friedrich Schleiermacher

Nachwort von
Andreas Graeser

W0078670

Philipp Reclam jun. Stuttgart

RECLAMS UNIVERSAL-BIBLIOTHEK Nr. 918
Alle Rechte vorbehalten
© 1987 Philipp Reclam jun. GmbH & Co. KG, Stuttgart
Gesamtherstellung: Reclam, Ditzingen. Printed in Germany 2012
RECLAM, UNIVERSAL-BIBLIOTHEK und
RECLAMS UNIVERSAL-BIBLIOTHEK sind eingetragene Marken
der Philipp Reclam jun. GmbH & Co. KG, Stuttgart
ISBN 978-3-15-000918-5

www.reclam.de

Echekrates. Phaidon[1].

1. [57a] *Echekrates.* Warst du selbst, o Phaidon, bei dem Sokrates an jenem Tage, als er das Gift trank in dem Gefängnis, oder hast du es von einem andern gehört?

Phaidon. Selbst war ich da, o Echekrates.

Echekrates. Was also hat denn der Mann gesprochen vor seinem Tode, und wie ist er gestorben? Gern hörte ich das. Denn weder von meinen Landsleuten, den Phliasiern[2], reist jetzt leicht einer nach Athen, noch ist von dort her seit geraumer Zeit ein Gastfreund angekommen, [b] der uns etwas Genaues darüber berichten konnte, außer nur, daß er das Gift getrunken hat und gestorben ist, von dem übrigen wußte keiner etwas zu sagen.

[58a] *Phaidon.* Auch von der Klage also habt ihr nichts erfahren, wie es dabei hergegangen ist?

Echekrates. Ja, das hat uns jemand erzählt, und wir haben uns gewundert, daß, da sie schon längst abgeurteilt war, er offenbar erst weit später gestorben ist. Wie war doch das, o Phaidon?

Phaidon. Durch einen Zufall fügte es sich so, Echekrates. Es traf sich nämlich, daß gerade an dem Tage vor dem Gericht das Schiff bekränzt worden war, welches die Athener nach Delos senden.

Echekrates. Was hat es damit auf sich?

Phaidon. Dies ist das Schiff, wie die Athener sagen, worin einst Theseus fuhr, um jene »zweimal sieben« nach Kreta zu bringen, die er rettete und sich selbst auch.[3] [b] Damals hatten sie dem Apollon gelobt, wie man sagt, wenn sie gerettet würden, ihm jedes Jahr einen Festzug nach Delos[4] zu senden, welchen sie nun seitdem immer und auch jetzt noch jährlich an den Gott senden. Sobald nun dieser Festzug angefangen hat, ist es Gesetz, während dieser Zeit die

Stadt rein zu halten und von Staats wegen niemanden zu
töten, bis das Schiff in Delos angekommen ist und auch
wieder zurück. Und dies währt bisweilen lange, wenn
widrige Winde einfallen. [c] Des Festzuges Anfang ist
aber, wenn der Priester des Apollon das Vorderteil des
Schiffes bekränzt; und dies, wie ich sage, war eben den
Tag vor dem Gerichtstage geschehen. Daher hatte Sokrates soviel Zeit in dem Gefängnis zwischen dem Urteil und
dem Tode.

2. *Echekrates.* Wie war es aber bei seinem Tode selbst, o
Phaidon? Was wurde gesprochen und vorgenommen?
Welche von seinen Vertrauten waren bei dem Manne?
Oder ließ die Behörde sie nicht zu ihm, und er starb ohne
Beisein von Freunden?

[d] *Phaidon.* Keineswegs, sondern es waren deren, und
zwar ziemlich viele, zugegen.

Echekrates. Alles dieses bemühe dich doch uns recht
genau zu erzählen, wenn es dir nicht etwa an Muße
fehlt.

Phaidon. Nein, ich habe Muße und will versuchen, es
euch zu erzählen. Denn des Sokrates zu gedenken,
sowohl selbst von ihm redend als auch anderen zuhörend,
ist mir immer von allem das Erfreulichste.

Echekrates. Und eben solche, o Phaidon, hast du jetzt
auch zu Hörern. Also versuche nur alles, so genau du
immer kannst, uns vorzutragen.

[e] *Phaidon.* Mir meinesteils war ganz wunderbar zumute
dabei. Bedauern nämlich kam mir gar nicht ein als wie
einem, der bei dem Tode eines vertrauten Freundes zugegen sein soll; denn glückselig erschien mir der Mann, o
Echekrates, in seinem Benehmen und seinen Reden, wie
standhaft und edel er endete, so daß ich vertraute, er gehe
auch in die Unterwelt nicht ohne göttliche Schickung,

sondern auch dort werde er sich wohlbefinden, wenn
jemals einer sonst. [59a] Darum nun trat mich weder etwas
Weichherziges an, wie man doch denken sollte bei sol-
chem Trauerfall, noch auch waren wir fröhlich, wie in
unsern philosophischen Beschäftigungen nach gewöhnli-
cher Weise, obwohl unsere Unterredungen auch von dieser Art waren; sondern in einem wunderbaren Zustande
befand ich mich und in einer ungewohnten Mischung, die
aus Lust zugleich und Betrübnis zusammengemischt war,
wenn ich bedachte, daß er nun gleich sterben würde. Und
alle Anwesenden waren fast in derselben Gemütsstim-
mung, bisweilen lachend, dann wieder weinend, ganz
vorzüglich aber einer unter uns, Apollodoros[5]. [b] Du
kennst ja wohl den Mann und seine Weise.

Echekrates. Wie sollte ich nicht.

Phaidon. Der war nun ganz vorzüglich so; aber auch ich
war gleichermaßen bewegt und die übrigen.

Echekrates. Welche aber waren denn gerade da, Phaidon?

Phaidon. Eben dieser Apollodoros war von den Einheimi-
schen zugegen und Kritobulos mit seinem Vater Kriton;
dann noch Hermogenes[6] und Epigenes[7] und Aischines
und Antisthenes. Auch Ktesippos, der Paeanier[8], war da
und Menexenos[9] und einige andere von den Landsleuten;
Platon aber, glaube ich, war krank.

Echekrates. Waren auch noch Fremde zugegen?

[c] *Phaidon.* Ja. Simmias, der Thebaner, und Kebes und
Phaidondes, und aus Megara Eukleides[10] und Terp-
sion.

Echekrates. Wie aber Aristippos[11] und Kleombrotos,
waren die da?

Phaidon. Nein, es hieß, sie wären in Aigina.

Echekrates. War noch sonst jemand gegenwärtig?

Phaidon. Ich glaube, dies waren sie ziemlich alle.

Echekrates. Und wie nun weiter? Was für Reden, sagst du, wurden geführt?

3. *Phaidon.* Ich will versuchen, dir alles von Anfang an zu erzählen. [d] Wir pflegten nämlich auch schon die vorigen Tage immer zum Sokrates zu gehen, ich und die andern, und versammelten uns des Morgens im Gerichtshause, wo auch das Urteil gefällt worden war; denn dies ist nahe bei dem Gefängnis. Da warteten wir jedesmal, bis das Gefängnis geöffnet wurde, und unterredeten uns unterdessen. Denn es wurde nicht sehr früh geöffnet; sobald es aber offen war, gingen wir hinein zum Sokrates und brachten meist den Tag bei ihm zu. Auch damals nun hatten wir uns noch früher versammelt, weil wir tags zuvor, [e] als wir abends aus dem Gefängnis gingen, erfahren hatten, daß das Schiff aus Delos angekommen sei. Wir gaben uns also einander das Wort, auf das früheste an dem gewohnten Ort zusammenzukommen. Das taten wir auch, und der Türsteher, der uns aufzumachen pflegte, kam heraus und sagte, wir sollten warten und nicht eher kommen, bis er uns riefe. Denn, sprach er, die Elf[12] lösen jetzt den Sokrates und kündigen ihm an, daß er heute sterben soll. Nach einer kleinen Weile kam er dann und hieß uns hineingehen. Als wir nun hineintraten, [60a] fanden wir den Sokrates eben entfesselt, und Xanthippe, du kennst sie doch, sein Söhnchen auf dem Arm haltend, saß neben ihm. Als uns Xanthippe nun sah, wehklagte sie und redete allerlei dergleichen, wie die Frauen es pflegen, wie: O Sokrates, nun reden diese deine Freunde zum letzten Male mit dir, und du mit ihnen. Da wendete sich Sokrates zum Kriton und sprach: O Kriton, laß doch jemand diese nach Hause führen. Da führten einige von Kritons Leuten[13] sie heulend und sich übel gebärdend fort. [b] Sokrates aber, auf dem Bette sitzend, zog das Bein an sich und

rieb sich den Schenkel mit der Hand, indem er zugleich
sagte: Was für ein eigenes Ding, ihr Männer, ist es doch
um das, was die Menschen angenehm nennen; wie wunderlich es sich verhält zu dem, was ihm entgegengesetzt zu
sein scheint, dem Unangenehmen, daß nämlich beide zu
gleicher Zeit zwar nie in dem Menschen sein wollen, doch
aber, wenn einer dem einen nachgeht und es erlangt, er
meist immer genötigt ist, auch das andere mitzunehmen,
als ob sie zu zweit an einer Spitze zusammengeknüpft
wären; [c] und ich denke, wenn Aisopos dies bemerkt
hätte, würde er eine Fabel daraus gemacht haben, daß
Gott beide, da sie im Kriege begriffen sind, habe aussöh-
nen wollen, und weil er dies nicht gekonnt, sie an den
Enden zusammengeknüpft habe, und deshalb nun, wenn
jemand das eine hat, komme ihm das andere nach. So
scheint es nun auch mir gegangen zu sein; weil ich von der
Fessel in dem Schenkel vorher Schmerz hatte, so kommt
mir nun die angenehme Empfindung hintennach.

4. Darauf nahm Kebes das Wort und sagte: Beim Zeus,
Sokrates, das ist gut, daß du mich daran erinnerst. Denn
nach deinen Gedichten, [d] die du gemacht hast, indem du
die Fabeln des Aisopos in Verse gebracht, und nach dem
Vorgesang an den Apollon,[14] haben mich auch andere
schon gefragt, und noch neulich Euenos[15], wie es doch
zugehe, daß, seitdem du dich hier befindest, du Verse
machst, da du es zuvor nie getan hast. Ist dir nun etwas
daran gelegen, daß ich dem Euenos zu antworten weiß,
wenn er mich wieder fragt, und ich weiß gewiß, das wird
er: so sprich, was ich ihm sagen soll. – Sage ihm denn,
sprach er, o Kebes, die Wahrheit, daß ich es nicht tue, um
etwa gegen ihn und seine Gedichte aufzutreten, [e] denn
das, wüßte ich wohl, wäre nicht leicht, sondern um zu
versuchen, was wohl ein gewisser Traum meine, und mich

vor Schaden zu hüten, wenn etwa dies die Musik wäre, die
er mir anbefiehlt. Es war nämlich dieses: es ist mir oft
derselbe Traum vorgekommen in dem nun vergangenen
Leben, der mir bald in dieser, bald in jener Gestalt erschei-
nend immer dasselbe sagte: O Sokrates, sprach er, mach
und treibe Musik. Und ich dachte sonst immer, nur zu
dem, was ich schon tat, ermuntere er mich und treibe mich
noch mehr an, [61a] wie man die Laufenden anzutreiben
pflegt, so ermuntere mich auch der Traum zu dem, was
ich schon tat, Musik zu machen, weil nämlich die Philosophie die vortrefflichste Musik ist und ich diese doch trieb.
Jetzt aber, seit das Urteil gefällt ist und die Feier des Gottes meinen Tod noch verschoben hat, dachte ich doch, ich
müsse, falls etwa der Traum mir doch beföhle, mit dieser
gewöhnlichen Musik mich zu beschäftigen, auch dann
nicht ungehorsam sein, sondern es tun. Denn es sei doch
sicherer, nicht zu gehen, bis ich mich auch so vorgesehen
[b] und Gedichte gemacht, um dem Traum zu gehorchen.
So habe ich denn zuerst auf den Gott gedichtet, dem das
Opfer eben gefeiert wurde, und nächst dem Gott, weil ich
bedachte, daß ein Dichter, wenn er ein Dichter sein wolle,
Fabeln dichten müsse und nicht vernünftige Reden und
ich selbst nicht erfindsam bin in Fabeln, so habe ich deshalb von denen, die bei der Hand waren und die ich
kannte, den Fabeln des Aisopos, welche mir eben aufstie-
ßen, in Verse gebracht.

5. Dieses also, o Kebes, sage dem Euenos, und er solle
wohlleben und, wenn er klug wäre, mir nachkommen.
[c] Ich gehe aber, wie ihr seht, heute, denn die Athener be-
fehlen es. – Da sagte Simmias: Was läßt du doch da dem
Euenos sagen, o Sokrates! Ich habe schon viel mit dem
Manne verkehrt; aber soviel ich gemerkt, wird er auch
nicht die mindeste Lust haben, dir zu folgen. – Wieso?

fragte er, ist Euenos nicht ein Philosoph? – Das dünkt
mich doch, sprach Simmias. – Nun, so wird er auch wollen, er und jeder, der würdig an diesem Geschäfte teil-
nimmt. Nur Gewalt wird er sich doch nicht selbst antun;
denn dies, sagen sie, sei nicht recht. Und als er dies sagte,
ließ er seine Beine von dem Bett wieder herunter auf die
Erde, [d] und so sitzend sprach er das Übrige. – Kebes
fragte ihn nun: Wie meinst du das, o Sokrates, daß es nicht
recht sei, sich selbst Leides zu tun, daß aber doch der
Philosoph dem Sterbenden zu folgen wünsche? – Wie,
Kebes? Habt ihr über diese Dinge nichts gehört, du und
Simmias, als ihr mit dem Philolaos[16] zusammenwart? –
Nichts Genaues wenigstens, Sokrates. – Auch ich kann
freilich nur vom Hörensagen davon reden; was ich aber
gehört, bin ich gar nicht abgünstig euch zu sagen. Auch
ziemt es sich ja wohl am besten, [e] daß der, welcher im
Begriff ist, dorthin zu wandern, nachsinne und sich Bilder
mache über die Wanderung dorthin, wie man sie sich
wohl zu denken habe. Was könnte einer auch wohl noch
weiter tun in der Zeit bis zum Untergang der Sonne![17] –
6. Weshalb also sagen sie, es sei nicht recht, sich selbst zu
töten, o Sokrates? Denn ich habe dies, wonach du eben
fragtest, auch vom Philolaos gehört, als er sich bei uns
aufhielt, und auch schon von andern, daß man dies nicht
tun dürfe. Genaues aber habe ich von keinem jemals etwas
darüber gehört. – [62a] So mußt du dich noch weiter bemühen, sagte er, du kannst es ja wohl noch hören. Vielleicht
aber kommt es dir auch wunderbar vor, daß dies allein
unter allen Dingen schlechthin so sein soll und auf keine
Weise, wie doch sonst überall, bisweilen und einigen, besser zu sterben als zu leben. Und denen nun besser wäre zu
sterben, wird dir wunderbar vorkommen, daß es diesen
Menschen nicht erlaubt sein solle, sich selbst wohlzutun,

sondern daß sie einen andern Wohltäter erwarten sollen. –
Da sagte Kebes etwas lächelnd und in seiner Mundart: Das
mag Gott wissen. – [b] Es kann freilich so scheinen, unvernünftig zu sein, sprach Sokrates, aber es hat doch wohl
auch einigen Grund. Denn was darüber in den Geheim-
nissen gesagt wird, daß wir Menschen wie in einer Feste
sind und man sich aus dieser nicht selbst losmachen und
davongehen dürfe, das erscheint mir doch als eine gewich-
tige Rede und gar nicht leicht zu durchschauen. Wie denn
auch dieses, o Kebes, mir ganz richtig gesprochen scheint,
daß die Götter unsere Hüter und wir Menschen eine von
den Herden der Götter sind. Oder dünkt es dich nicht so?
– Allerdings wohl, sagte Kebes. – [c] Also auch du würdest
gewiß, wenn ein Stück aus deiner Herde sich selbst tötete,
ohne daß du angedeutet hättest, daß du wolltest, es solle
sterben, diesem zürnen, und wenn du noch eine Strafe
wüßtest, es bestrafen? – Ganz gewiß, sagte er. – Auf diese
Weise nun wäre es also wohl nicht unvernünftig, daß man
nicht eher sich selbst töten dürfe, als bis der Gott irgendeine Notwendigkeit dazu verfügt hat, wie die jetzt uns
gewordene. –

7. Dieses freilich, sagte Kebes, scheint ganz billig. Was du
jedoch vorher sagtest, daß jeder Philosoph gern werde
sterben wollen, [d] dieses, o Sokrates, kommt dann ungereimt heraus; wenn doch, was wir eben sagten, sich richtig
so verhält, daß Gott es ist, der unser hütet, und wir zu
seiner Herde gehören. Denn daß nicht die Vernünftigsten
gerade am unwilligsten aus dieser Pflege sich entfernen
sollten, wo diejenigen für sie sorgen, welche die besten
Versorger sind für alles, was ist, die Götter, das ist gar
nicht zu denken. Denn sie können ja nicht glauben, daß
sie sich selbst besser hüten werden, wenn sie frei geworden sind; sondern nur ein unvernünftiger Mensch könnte

das vielleicht glauben, daß es gut wäre, von seinem Herrn
zu fliehen, [e] und könnte nicht bedenken, daß man ja von
dem Guten nicht fliehen muß, sondern sich soviel als
möglich daran halten, und daß er also unvernünftiger-
weise fliehen würde; der Vernünftige aber würde immer
streben, bei dem zu sein, der besser wäre als er. Und so
käme ja wohl, o Sokrates, das Gegenteil von dem heraus,
was eben gesagt ward, den Vernünftigen nämlich ziemte
es, ungern zu sterben, und nur den Unvernünftigen, gern.
– Als dies Sokrates angehört hatte, schien er seine Freude
zu haben an des Kebes Eifer in der Sache, [63a] und indem
er uns ansah, sagte er: Immer spürt doch Kebes irgend
Gründe aus und will sich gar nicht leicht überreden lassen
von dem, was einer behauptet. – Darauf sagte Simmias:
Aber jetzt, o Sokrates, scheint auch mir etwas an dem zu
sein, was Kebes vorbringt. Denn weshalb doch sollten
wohl wahrhaft weise Männer von besseren Herren, als sie
selbst sind, fliehen und ihrer gern loswerden? Und zwar
scheint mir Kebes mit seiner Rede auf dich zu zielen, daß
du es so leicht erträgst, uns zu verlassen und auch jene
guten Herrscher, wie du selbst gestehst, die Götter. –
[b] Ihr habt recht, sprach er. Ich denke nämlich, ihr
meint, ich solle mich hierüber verteidigen wie vor Gericht. – Allerdings, sagte Simmias. –
8. Wohlan denn, sprach er, laßt mich versuchen, ob ich
mich mit besserem Erfolg vor euch verteidigen kann als
vor den Richtern. Nämlich, sprach er, o Simmias und
Kebes, wenn ich nicht glaubte, zuerst zu andern Göttern
zu kommen, die auch weise und gut sind, und dann auch
zu verstorbenen Menschen, welche besser sind als die hiesigen, so täte ich vielleicht unrecht, nicht unwillig zu sein
über den Tod. Nun aber wißt nur, daß ich zu wackeren
Männern zu kommen hoffe; [c] und wenn ich auch das

nicht so ganz sicher behaupten wollte: daß ich zu Göttern
komme, die ganz treffliche Herren sind, wißt nur, wenn
irgend etwas von dieser Art, will ich dieses gewiß behaupten. So daß ich eben deshalb nicht so unwillig bin, sondern
der frohen Hoffnung, daß es etwas gibt für die Verstorbenen, und, wie man ja schon immer gesagt hat, etwas weit
Besseres für die Guten als für die Schlechten. – Wie nun?
sagte Simmias. Gedenkst du, diese Meinung für dich zu
behalten und so von uns zu gehen, oder möchtest du uns
auch davon mitteilen? [d] Mich wenigstens dünkt, dies
müsse ein gemeinsames Gut sein auch für uns; und
zugleich wird ja eben das deine Verteidigung sein, wenn
du uns von dem, was du sagst, überzeugst. – So will ich es
denn versuchen, sprach er. Zuvor aber laßt uns doch von
unserm Kriton hören, was es doch ist, was er mir schon
lange sagen will. – Was sonst, o Sokrates, sprach Kriton,
als daß der, welcher dir den Trank bereiten soll,[18] mir
schon lange zuredet, man müsse dir andeuten, doch ja so
wenig als möglich zu sprechen. Denn er sagt, durch das
Reden erhitze man sich, und das vertrage sich nicht mit
dem Trank; [e] wenn aber doch, so hätten die bisweilen
zwei-, auch dreimal trinken gemußt, die dergleichen getan. – Darauf sagte Sokrates: Ach, laß ihn laufen! Mag
er nur seinerseits sich anschicken, mir auch zweimal zu
geben, und wenn es nötig wäre, auch dreimal. – Das
wußte ich wohl fast vorher, sagte Kriton; aber er ließ mir
schon lange keine Ruhe. – Laß ihn, sprach er.
Euch Richtern aber will ich nun Rede darüber stehen, daß
ich mit Grund der Meinung bin, ein Mann, welcher wahrhaft philosophisch sein Leben vollbracht, müsse getrost
sein, wenn er im Begriff ist zu sterben, [64a] und der frohen
Hoffnung, daß er dort Gutes in vollem Maß erlangen
werde, wenn er gestorben ist. Wie das nun so sein möge, o

Simmias und Kebes, das will ich versuchen euch deutlich
zu machen.
9. Nämlich diejenigen, die sich auf rechte Art mit der
Philosophie befassen, mögen wohl, ohne daß es freilich
die andern merken, nach gar nichts anderm streben als nur
zu sterben und tot zu sein. Ist nun dieses wahr: so wäre es
ja wohl wunderlich, wenn sie ihr ganzes Leben hindurch
zwar sich um nichts anderes bemühten als um dieses,
wenn es nun aber selbst käme, hernach unwillig sein wollten über das, wonach sie so lange gestrebt und sich
bemüht haben. – Da lachte Kebes und sagte: Beim Zeus,
Sokrates, [b] wiewohl ich jetzt eben nicht im mindesten
lachlustig bin, hast du mich doch lachen gemacht. Ich
denke nämlich, wenn die Leute so dies hörten, würden sie
glauben, dies sei ganz vortrefflich gesagt gegen die Philosophen, und würden gewiß gewaltig beistimmen – die
bei uns ganz besonders[19] –, es sei so, die Philosophen
sehnten sich wirklich zu sterben, und sie ihrerseits wüßten
auch, daß sie wohl verdienten, dies zu erlangen. – Da
würden sie auch ganz wahr sprechen, o Simmias, das eine
ausgenommen, daß sie das recht gut wüßten. Denn weder
wissen sie, wie die wahrhaften Philosophen den Tod wün-
schen, noch wie sie ihn verdienen und was für einen Tod.
[c] Laßt uns nun, sprach er, jenen den Abschied geben, zu
uns selbst aber sagen, ob wir wohl glauben, daß der Tod
etwas sei? – Allerdings, fiel Simmias ein. – Und wohl
etwas andres als die Trennung der Seele von dem Leibe?
Und daß das heiße tot sein, wenn abgesondert von der
Seele der Leib für sich allein ist und auch die Seele abgesondert von dem Leibe für sich allein ist? Oder sollte wohl
der Tod etwas anderes sein als dieses? – Nein, sondern
eben dieses. – So bedenke denn, Guter, ob auch dich dasselbe bedünkt wie mich; [d] denn hieraus, glaube ich, wer-

den wir das besser erkennen, wonach wir fragen. Scheint dir, daß es sich für einen philosophischen Mann gehöre, sich Mühe zu geben um die sogenannten Lüste, wie um die am Essen und Trinken? – Nichts weniger wohl, o Sokrates, sprach Simmias. – Oder um die aus dem Geschlechtstriebe? – Keineswegs. – Und die übrige Besorgung des Leibes, glaubst du, daß ein solcher sie groß achte? Wie schöne Kleider und Schuhe und andere Arten von Schmuck des Leibes zu haben, glaubst du, daß er es achte oder verachte, [e] mehr als höchst nötig ist sich hierum zu kümmern? – Verachten, dünkt mich wenigstens, wird es der wahrhafte Philosoph. – Dünkt dich also nicht überhaupt eines solchen ganze Beschäftigung nicht um den Leib zu sein, sondern soviel nur möglich von ihm abgekehrt und der Seele zugewendet? – Das dünkt mich. – Also hierin zuerst zeigt sich der Philosoph [65a] als ablösend seine Seele von der Gemeinschaft mit dem Leibe vor den übrigen Menschen allen. – Offenbar. – Und die meisten Menschen meinen doch, o Simmias, wem dergleichen nicht süß ist und wer daran keinen Teil hat, dem lohne es nicht zu leben, sondern ganz nahe sei der am Totsein, der sich um die angenehmen Empfindungen nicht bekümmere, welche durch den Leib kommen. – Du sprichst vollkommen recht. –

10. Wie aber nun mit dem Erwerb der richtigen Einsicht selbst, ist dabei der Leib im Wege oder nicht, wenn ihn jemand bei dem Streben danach zum Gefährten mit aufnimmt? [b] Ich meine so: Gewähren wohl Gesicht und Gehör den Menschen einige Wahrheit? Oder singen uns selbst die Dichter das immer vor, daß wir nichts genau hören noch sehen? Und doch, wenn unter den Wahrnehmungen, die dem Leibe angehören, diese nicht genau sind und sicher: dann die andern wohl gar nicht; denn alle sind

ja wohl schlechter als diese; oder dünken sie dich das
nicht? – Freilich, sagte er. – Wann also trifft die Seele die
Wahrheit? Denn wenn sie mit dem Leibe versucht, etwas
zu betrachten, dann offenbar wird sie von diesem hinter-
gangen. – [c] Richtig. – Wird also nicht in dem Denken,
wenn irgendwo, ihr etwas von dem Seienden offenbar? –
Ja. – Und sie denkt offenbar am besten, wenn nichts von
diesem sie trübt, weder Gehör noch Gesicht noch
Schmerz und Lust, sondern sie am meisten ganz für sich
ist, den Leib gehen läßt und soviel irgend möglich ohne
Gemeinschaft und Verkehr mit ihm dem Seienden nachgeht. – So ist es. – Also auch dabei verachtet des Philosophen Seele am meisten den Leib, [d] flieht von ihm und
sucht für sich allein zu sein? – So scheint es. – Wie nun
hiermit, o Simmias? Sagen wir, daß das Gerechte etwas sei
oder nichts? – Wir behaupten es ja freilich beim Zeus. –
Und nicht auch das Schöne und Gute? – Wie sollte es
nicht? – Hast du nun wohl schon jemals hiervon das mindeste mit Augen gesehen? – Keineswegs, sprach er. –
Oder mit sonst einer Wahrnehmung, die vermittels des
Leibes erfolgt, es getroffen? Ich meine aber alles dieses,
Größe, Gesundheit, Stärke, und, mit einem Worte, von
allem insgesamt das Wesen, was jegliches wirklich ist;
[e] wird etwa vermittels des Leibes hiervon das eigentliche Wahre geschaut, oder verhält es sich so: wer von uns
am meisten und genauesten es darauf anlegt, jegliches un-
mittelbar selbst zu denken, was er untersucht, der kommt
auch am nächsten daran, jegliches zu erkennen? – Allerdings. – Und der kann doch jenes am reinsten ausrichten,
der am meisten mit dem Gedanken allein zu jedem geht,
ohne weder das Gesicht mit anzuwenden beim Denken,
noch irgendeinen anderen Sinn mit zuzuziehen [66a] bei
seinem Nachdenken, sondern, sich des reinen Gedankens

allein bedienend, auch jegliches rein für sich zu fassen
trachtet, soviel wie möglich geschieden von Augen und
Ohren und, um es kurz zu sagen, von dem ganzen Leibe,
der nur verwirrt und die Seele nicht Wahrheit und Einsicht erlangen läßt, wenn er mit dabei ist. Ist es nicht ein
solcher, o Simmias, der, wenn irgendeiner, das Wahre
treffen wird? – Über die Maßen hast du recht, o Sokrates,
sprach Simmias. –

11. [b] Ist es nun nicht natürlich, daß durch dieses alles
eine solche Meinung bei den wahrhaft Philosophierenden
aufkommt, so daß sie auch dergleichen unter sich reden:
»Es wird uns ja wohl gleichsam ein Fußsteig heraustragen
mit der Vernunft in der Untersuchung, weil, solange wir
noch den Leib haben und unsere Seele mit diesem Übel
im Gemenge ist, wir nie befriedigend erreichen können,
wonach uns verlangt; und dieses, sagen wir doch, sei das
Wahre. Denn der Leib macht uns tausenderlei zu schaffen
wegen der notwendigen Nahrung, [c] dann auch, wenn
uns Krankheiten zustoßen, verhindern uns diese, das
Wahre zu erjagen, und auch mit Gelüsten und Begierden,
Furcht und mancherlei Schattenbildern und vielen Kinde-
reien erfüllt er uns; so daß recht in Wahrheit, wie man
auch zu sagen pflegt, wir um seinetwillen nicht einmal
dazu kommen, auch nur irgend etwas richtig einzuse-
hen. Denn auch Kriege und Unruhen und Schlachten
erregt uns nichts anderes als der Leib und seine Begierden.
Denn über den Besitz von Geld und Gut entstehen alle
Kriege, und dieses müssen wir haben [d] des Leibes
wegen, weil wir seiner Pflege dienstbar sind, und daher
fehlt es uns an Muße, der Weisheit nachzutrachten, um
aller dieser Dinge willen. Und endlich noch, wenn er uns
auch einmal Muße läßt und wir uns anschicken, etwas zu
untersuchen: so fällt er uns wieder bei den Untersuchun-

gen selbst beschwerlich, macht uns Unruhe und Störung und verwirrt uns, so daß wir seinetwegen nicht das Wahre sehen können. Sondern es ist uns wirklich ganz klar, daß, wenn wir je etwas rein erkennen wollen, [e] wir uns von ihm losmachen und mit der Seele selbst die Dinge selbst schauen müssen. Und dann erst offenbar werden wir haben, was wir begehren und wessen Liebhaber wir zu sein behaupten, die Weisheit, wenn wir tot sein werden, wie die Rede uns andeutet, solange wir leben aber nicht. Denn wenn es nicht möglich ist, mit dem Leibe irgend etwas rein zu erkennen: so können wir nur eines von beiden, entweder niemals zum Verständnis gelangen oder nach dem Tode. Denn alsdann [67a] wird die Seele für sich allein sein, abgesondert vom Leibe, vorher aber nicht. Und solange wir leben, werden wir, wie sich zeigt, nur dann dem Erkennen am nächsten sein, wenn wir, soviel möglich, nichts mit dem Leibe zu schaffen noch gemein haben, was nicht höchst nötig ist, und wenn wir mit seiner Natur uns nicht anfüllen, sondern uns von ihm rein halten, bis der Gott selbst uns befreit. Und so rein der Torheit des Leibes entledigt, werden wir wahrscheinlich mit ebensolchen zusammen sein und durch uns selbst alles Ungetrübte erkennen, [b] und dies ist eben wohl das Wahre. Dem Nichtreinen aber mag Reines zu berühren wohl nicht vergönnt sein.« Dergleichen, meine ich, o Simmias, werden notwendig alle wahrhaft Wißbegierigen denken und untereinander reden. Oder dünkt dich nicht so? – Auf alle Weise, o Sokrates. –

12. Wenn nun, sprach Sokrates, dieses wahr ist, o Freund, so ist ja große Hoffnung, daß, wenn ich dort angekommen bin, wohin ich jetzt gehe, ich dort, wenn irgendwo, zur Genüge dasjenige erlangen werde, worauf alle unsere Bemühungen in dem vergangenen Leben gezielt haben; so

daß die [c] mir jetzt aufgetragene Wanderung mit guter
Hoffnung anzutreten ist auch für jeden andern, der nur
glauben kann dafür gesorgt zu haben, daß seine Seele rein
ist. – Allerdings, sprach Simmias. – Und wird nicht das
eben die Reinigung sein, was schon immer in unserer Rede
vorgekommen ist, daß man die Seele möglichst vom Leibe
absondere und sie gewöhne, sich von allen Seiten her aus
dem Leibe für sich zu sammeln und zusammenzuziehen
und soviel als möglich, sowohl gegenwärtig wie hernach,
für sich allein zu bestehen, [d] befreit wie von Banden von
dem Leibe? – Allerdings, sagte er. – Heißt aber dies nicht
Tod, Erlösung und Absonderung der Seele von dem
Leibe? – Allerdings, sagte jener. – Und sie zu lösen streben immer am meisten, sagte er, nur allein die wahrhaft
Philosophierenden; und eben dies also ist das Geschäft der
Philosophen, Befreiung und Absonderung der Seele von
dem Leibe; oder nicht? – Offenbar. – Also wäre es ja, wie
ich anfänglich sagte, lächerlich, wenn ein Mann, [e] der
sich in seinem ganzen Leben darauf eingerichtet hätte, so
nahe als möglich an dem Gestorbensein zu leben, hernach, wenn eben dieses kommt, sich ungebärdig stellen
wollte. Wäre das nicht lächerlich? – Wie sollte es nicht? –
In der Tat also, o Simmias, trachten die richtig Philosophierenden danach zu sterben, und tot zu sein ist ihnen
unter allen Menschen am wenigsten furchtbar. Erwäge es
nur so. Wenn sie auf alle Weise mit dem Leibe entzweit
sind und begehren, die Seele für sich allein zu haben,
geschieht dieses aber, dann sich fürchten und unwillig sein
wollten; wäre das nicht die größte Torheit, wenn sie dann
nicht mit Freuden dahin gehen wollten, [68a] wo sie Hoffnung haben, dasjenige zu erlangen, was sie im Leben liebten – sie liebten aber die Weisheit –, und des Zusammen-
seins mit demjenigen entledigt zu werden, was ihnen

zuwider war? Oder sollten nur viele, denen menschliche Geliebte und Weiber und Kinder gestorben sind, freiwillig haben in die Unterwelt gehen wollen, von dieser Hoffnung getrieben, daß sie dort die wiedersehen würden, nach denen sie sich sehnten, und mit ihnen umgehen; wer aber die Weisheit wahrhaft liebt und eben diese Hoffnung kräftig aufgefaßt hat, daß er sie nirgend anders nach Wunsch erreichen werde als in der Unterwelt, [b] den sollte es verdrießen zu sterben, und er sollte nicht freudig dorthin gehen? Das muß man ja wohl glauben, Freund, wenn er nur wahrhaft ein Weisheitsliebender ist. Denn gar stark wird ein solcher dieses glauben, daß er nirgend anders die Wahrheit rein antreffen werde als nur dort. Wenn sich aber dies so verhält, wie ich eben sagte, wäre es nicht große Unvernunft, wenn ein solcher den Tod fürchtete? – Gar große, beim Zeus, sagte jener. –

13. Also, sagte er, ist dir auch das wohl ein hinlänglicher Beweis von einem Manne, wenn du ihn unwillig siehst, indem er sterben soll, daß er nicht die Weisheit liebte, [c] sondern den Leib irgendwie; denn wer den liebt, derselbe ist auch geldsüchtig und ehrsüchtig, entweder eines von beiden oder beides. – Vollkommen verhält es sich so, wie du sagst. – Wird nun nicht auch, o Simmias, sagte er, was man Tapferkeit nennt, den so Gesinnten vorzüglich zukommen? – Ganz gewiß wohl, antwortete er. – Nicht auch die Besonnenheit, was auch alle Leute Besonnenheit nennen, sich von Begierden nicht fortreißen lassen, sondern sich gleichgültig gegen sie verhalten und sittsam, kommt nicht auch sie denen allein zu, welche den Leib am meisten geringschätzen und in der Liebe zur Weisheit leben? – [d] Notwendig, sagte er. – Denn, fügte jener hinzu, wenn du nur recht betrachten willst die Tapferkeit und Besonnenheit der andern, so wird sie dir ganz wun-

derlich vorkommen. – Wie das, o Sokrates? – Du weißt
doch, sagte er, daß den Tod die andern alle unter die
großen Übel rechnen. – Allerdings. – Ist es also nicht aus
Furcht vor noch größeren Übeln, daß die Tapferen unter
ihnen den Tod erdulden, wenn sie ihn erdulden? – So ist
es. – Also weil sie sich fürchten und aus Furcht sind alle
tapfer, bis auf die, welche die Weisheit lieben. Wiewohl
das doch ungereimt ist, daß einer aus Furcht und Feigheit
tapfer sein soll. – [e] Freilich wohl. – Und wie die Sitt-
samen unter ihnen? Hat es mit denen nicht dieselbe
Bewandtnis? Aus irgendeiner Zügellosigkeit sind sie besonnen, wiewohl wir freilich sagen, dies sei unmöglich,
aber doch geht es ihnen wirklich ganz ähnlich bei dieser
einfältigen Besonnenheit. Denn aus Besorgnis, einiger
Lust beraubt zu werden, und weil sie diese begehren, enthalten sie sich der einen, weil von anderen beherrscht, und
wiewohl man das Zügellosigkeit nennt, [69a] von Lüsten
beherrscht werden, begegnet ihnen doch, daß sie, von
Lüsten beherrscht, andere Lüste beherrschen, und dies ist
doch dem ganz ähnlich, was eben gesagt wurde, auf
gewisse Weise aus Zügellosigkeit besonnen geworden zu
sein. – Das leuchtet ein. – O bester Simmias, daß uns also
nur nicht dies gar nicht der rechte Tausch ist, um Tugend
zu erhalten, Lust gegen Lust und Unlust gegen Unlust
und Furcht gegen Furcht austauschen, Größeres gegen
Kleineres, wie Münze; sondern jenes die einzige rechte
Münze ist, gegen die man alles dieses vertauschen muß,
die Vernünftigkeit, [b] und daß nur mit dieser in Wahrheit
Tapferkeit besteht und Besonnenheit und Gerechtigkeit
und überhaupt wahre Tugend, mit Vernünftigkeit, mag
nun Lust und Furcht und alles übrige der Art dabei sein
oder nicht dabei sein; werden aber diese abgesondert von
der Vernünftigkeit gegeneinander umgetauscht, eine sol-

che Tugend dürfte dann wohl immer nur ein Schattenbild sein und in der Tat knechtisch, nichts Gesundes und Wahres an sich habend, das Wahre aber gerade [c] Reinigung von dergleichen allem sein, und Besonnenheit und Gerechtigkeit und Tapferkeit und die Vernünftigkeit selbst Reinigungen. Und so mögen auch diejenigen, welche uns die Weihen angeordnet haben, gar nicht schlechte Leute sein, sondern schon seit langer Zeit uns andeuten, wenn einer ungeweiht und ungeheiligt in der Unterwelt anlangt, daß der in den Schlamm[20] zu liegen kommt, der Gereinigte aber und Geweihte, wenn er dort angelangt ist, bei den Göttern wohnt. »Denn«, sagen die, welche mit den Weihen zu tun haben, »Thyrsusträger sind viele, [d] doch echte Begeisterte wenig«.[21] Diese aber sind, nach meiner Meinung, keine anderen, als die sich auf rechte Weise der Weisheit beflissen haben, deren einer auch ich nach Vermögen im Leben nicht versäumt, sondern mich auf alle Weise bemüht habe zu werden. Ob ich mich aber auf die rechte Weise bemüht und etwas vor mich gebracht, das werden wir, dort angekommen, sicher erfahren, wenn Gott will, binnen kurzem, wie mich dünkt. Dieses nun, sprach er, o Simmias und Kebes, ist meine Verteidigung darüber, daß euch zu verlassen und die hiesigen Gebieter, mir mit Recht nicht schwerfällt noch mich verdrießt, [e] weil ich dafür halte, auch dort nicht minder vortreffliche Gebieter und Freunde anzutreffen als hier. Bin ich also für euch überzeugender gewesen in meiner Verteidigung als für die athenischen Richter, so ist es gut.

14. Als Sokrates dieses geredet, fiel Kebes ein und sprach: O Sokrates, das andere dünkt mich alles gar schön gesagt, [70a] nur das von der Seele findet großen Unglauben bei den Menschen, ob sie nicht, wenn sie vom Leibe getrennt ist, nirgend mehr ist, sondern an jenem Tage umkommt

und untergeht, an welchem der Mensch stirbt, und sobald
sie von dem Leibe sich trennt und ausfährt wie ein Hauch
oder Rauch, auch zerstoben ist und verflogen und nirgend
nichts mehr ist. Denn wäre sie noch wo, für sich beste-
hend und zusammenhaltend, wenn erlöst von diesen
Übeln, die du eben beschrieben hast: so wäre ja große und
schöne Hoffnung, o Sokrates, [b] daß alles wahr sei, was
du sagst. Aber dies bedarf vielleicht nicht geringer Über-
redungsgründe und Beweise, daß die Seele noch ist nach
dem Tode des Menschen und noch irgend Kraft und Einsicht hat. – Du sprichst ganz wahr, sagte Sokrates, o
Kebes; aber was sollen wir machen? Sollen wir eben das
miteinander durchsprechen, ob es wahrscheinlich ist, daß
es sich so verhalte, oder ob nicht? – Ich mindestens, sagte
Kebes, möchte gern hören, was für eine Meinung du hierüber hast. – Wenigstens glaube ich nicht, sprach Sokrates,
daß irgendeiner, der es hört, [c] und wäre es auch ein
Komödienschreiber,[22] sagen dürfte, daß ich leeres Ge-
schwätz treibe und Reden führe über ungehörige Dinge.
Dünkt es euch nun gut, dann müssen wir die Sache genau
betrachten.

15. Laßt es uns aber so betrachten, ob die Seelen, nachdem
die Menschen gestorben, in der Unterwelt sind oder ob
nicht. Eine alte Rede gibt es nun freilich, die, deren wir
erwähnt haben, daß, wie sie von hier dorthin gekommen
sind, sie auch wieder hierher zurückkehren und wiedergeboren werden aus den Toten. Und wenn sich dies so verhält, daß die Lebenden wiedergeboren werden aus den
Gestorbenen: so sind ja wohl unsere Seelen dort? [d] Denn
sie könnten nicht wiedergeboren werden, wenn sie nicht
wären. Und ein hinreichender Beweis wäre dies, daß es so
ist, wenn wirklich offenbar würde, daß die Lebenden nirgend anders herkämen als von den Toten. Wenn dies

aber nicht so ist, dann bedürften wir eines anderen Grun-
des. – Gewiß, sagte Kebes. – Betrachte es nun nicht allein
an Menschen, fuhr jener fort, wenn du es eher innewerden
willst, sondern auch an den Tieren insgesamt und den
Pflanzen; und überhaupt an allem, was eine Entstehung
hat, laß uns zusehen, ob etwa alles so entsteht, [e] nirgend
anders her als jedes aus seinem Gegenteil, was nur ein
solches hat, wie doch das Schöne von dem Häßlichen das
Gegenteil ist und das Gerechte von dem Ungerechten,
und ebenso tausend anderes sich verhält. Dieses also laß
uns sehen, ob nicht notwendig, was nur ein Entgegengesetztes hat, nirgend anders her selbst entsteht als aus diesem ihm Entgegengesetzten. So wie, wenn etwas größer
wird, muß es doch notwendig aus irgend vorher kleiner
Gewesenem hernach größer werden? – Ja. – Nicht auch,
wenn es kleiner wird, wird es aus vorher Größerem
[71a] hernach kleiner? – So ist es, sagte er. – Und ebenso
aus Stärkerem das Schwächere und aus Langsamerem das
Schnellere? – Gewiß. – Und wie? Wenn etwas schlechter
wird, nicht aus Besserem, und wenn gerechter, nicht aus
Ungerechterem? – Wie sonst? – Dies also, sprach er,
haben wir sicher genug, daß alle Dinge so entstehen, das
Entgegengesetzte aus dem Entgegengesetzten. – Freilich.
– Und wie? Gibt es nicht auch so etwas dabei, wie zwischen jeglichem Entgegengesetzten, was doch immer zwei
sind, auch ein zwiefaches Werden [b] von dem einen zu
dem andern und von diesem wieder zu jenem zurück? Wie
zwischen dem Größeren und Kleineren Wachstum und
Abnahme ist, und so nennen wir auch das eine wachsen,
das andere abnehmen. – Ja, sagte er. – Nicht auch ausson-
dern und vermischen, abkühlen und erwärmen, und so
alles, wenn wir auch bisweilen die Worte dazu nicht
haben, muß sich doch der Sache nach überall so verhalten,

daß eines aus dem andern entsteht und daß es ein Werden
von jedem zu dem andern gibt. – Gewiß. –

16. [c] Wie nun, fuhr er fort, ist dem Leben auch etwas
entgegengesetzt, wie dem Wachen das Schlafen? – Gewiß,
sagte er. – Und was? – Das Totsein, sagte er. – Also entstehen diese auch aus einander, wenn sie entgegengesetzt
sind, und es gibt zwischen ihnen zweien ein zwiefaches
Werden. – Wie sollte es nicht? – Die Verknüpfungen nun
des einen Paares von den eben genannten Dingen will ich
dir aufzeigen, sprach Sokrates, und das dazugehörige
Werden, du aber mir die andern. Ich sage nämlich, das
eine sei Schlafen und das andere Wachen, und aus dem
Schlafen werde das Wachen und aus dem Wachen das
Schlafen, [d] und dies Werden beider sei das Einschlafen
und das Aufwachen; habe ich es dir hinlänglich erklärt
oder nicht? – Vollkommen. – Sage du mir also nun ebenso
von Leben und Tod. Sagst du nicht, dem Leben sei das
Totsein entgegengesetzt? – Das sage ich. – Und daß beides
aus einander entstehe? – Ja. – Aus dem Lebenden also, was
entsteht? – Das Tote, sprach er. – Und was aus dem
Toten? – Notwendig, sprach er, muß man eingestehen,
das Lebende. – Aus dem Gestorbenen also, o Kebes, entsteht das Lebende und die Lebenden? – So zeigt es sich,
sprach er. – Also sind, sprach er, unsere Seelen in der
Unterwelt. – [e] So scheint es. – Und nicht wahr, auch von
dem Werden, was hierzu gehört, ist das eine deutlich
genug? Denn Sterben ist doch deutlich genug, oder nicht?
– Freilich, sagte er. – Was wollen wir aber nun machen?
sprach er. Wollen wir nicht auch das entgegengesetzte
Werden hinzunehmen, sondern soll die Natur von dieser
Seite lahm sein? Oder müssen wir nicht notwendig auch
ein dem Sterben entgegengesetztes Werden annehmen? –
Auf alle Weise, sagte er. – Und was für eines? – Das Aufle-

ben. – Also, sprach er, wenn es ein Aufleben gibt, so wäre
eben dieses [72a] das Werden der Lebenden aus den Toten,
das Aufleben? – Freilich. – Also auch auf diese Weise
kommt es uns heraus, daß die Lebenden aus den Toten
entstanden sind, nicht weniger als die Toten aus den
Lebenden. Ist dies nun so, so schien es uns ja ein hinreichender Beweis, daß die Seelen der Verstorbenen
irgendwo sein müssen, woher sie wieder lebend werden. –
Mich dünkt, o Sokrates, dem Eingestandenen gemäß
müsse es sich so verhalten. –

17. Siehe nun auch, o Kebes, sprach er, daß wir nichts mit
Unrecht eingestanden haben, wie mich dünkt. Denn
wenn nicht dem auf die eine Art Gewordenen immer das
auf die andere entspräche [b] und das Werden wie im
Kreise herumginge, sondern es ein gerade fortschreiten-
des Werden gäbe nur aus dem einen in das Gegenüberste-
hende, ohne daß dies sich wieder wendete und zum
andern zurückkäme: so siehst du wohl, daß am Ende alles
einerlei Gestalt haben und in einerlei Zustand sich befinden und aufhören würde zu werden. – Wie meinst du das?
fragte er. – Es ist gar nicht schwer, sagte er, zu begreifen,
was ich meine; sondern wie wenn das Einschlafen zwar
wäre, ein Aufwachen aber entspräche ihm nicht, das aus
dem Schlafenden würde, so, weißt du wohl, würde am
Ende alles beweisen, [c] Endymion[23] sei nur eine Posse
und nichts Besonderes, weil es auch allem andern ebenso
erginge wie ihm, daß es schliefe; und wie, wenn alles
immer vermischt würde und nicht gesondert, bald jenes
Anaxagoreische sich einstellen würde, »Alle Dinge zusammen« sein. Würde nicht ebenso auch, lieber Kebes,
wenn alles zwar stürbe, was am Leben Anteil hat, nachdem es aber gestorben wäre, das Tote immer in dieser
Gestalt bliebe und nicht wieder auflebte, ganz notwendig

zuletzt alles tot sein und nichts leben? [d] Denn wenn zwar aus dem andern das Lebende würde, das Lebende aber stürbe: wie wäre dann zu helfen, daß nicht zuletzt alles im Totsein aufginge? – Gar nicht, denke ich, o Sokrates, sagte Kebes, sondern du scheinst mir durchaus richtig zu reden. – Es ist auch, o Kebes, sagte er, wie mich dünkt, auf alle Weise so, und nicht etwa überlistet gestehen wir dieses ein, sondern es gibt in der Tat ein Wiederaufleben und ein Werden der Lebenden aus den Toten und ein [e] Sein der Seelen der Gestorbenen.[24] –

18. Und eben das auch, sprach Kebes einfallend, nach jenem Satz, o Sokrates, wenn er richtig ist, den du oft vorzutragen pflegtest, daß unser Lernen nichts anderes ist als Wiedererinnerung und daß wir deshalb notwendig in einer früheren Zeit gelernt haben müßten, wessen wir uns wiedererinnern, und daß dies unmöglich wäre, [73a] wenn unsere Seele nicht schon war, ehe sie in diese menschliche Gestalt kam; so daß auch hiernach die Seele etwas Unsterbliches sein muß. –

Aber, o Kebes, sprach Simmias einfallend, welche sind davon die Beweise? Erinnere mich daran, denn in diesem Augenblick besinne ich mich nicht recht darauf. – Nur an den einen, schönsten, sagte Kebes, daß, wenn die Menschen gefragt werden und einer sie nur recht zu fragen versteht, sie alles selbst sagen, wie es ist, da doch, wenn ihnen keine Erkenntnis einwohnte und richtige Einsicht, sie nicht imstande sein würden, dieses zu tun. Und [b] wenn man sie zu den geometrischen Figuren führt oder etwas Ähnlichem, so zeigt sich dabei am deutlichsten, daß sich dies so verhält. – Wenn du es aber so nicht glaubst, o Simmias, sagte Sokrates, so sieh zu, ob du uns, wenn du es etwa folgendermaßen betrachtest, beistimmen wirst. Du zweifelst nämlich, wie doch das sogenannte

Lernen könne Erinnerung sein? – Ich zweifle zwar, sprach
Simmias, gerade nicht; nur eben dieses, wovon die Rede
ist, bedarf ich, erinnert zu werden; und fast schon aus
dem, was mir Kebes versucht hat zu sagen, habe ich mich
besonnen und glaube es. Nichtsdestoweniger aber würde
ich jetzt gern hören, wie du es vorgetragen hast. – [c] So
ich, sprach er. Wir gestehen doch wohl, daß, wenn sich
einer an etwas erinnern soll, er dies vorher schon wissen
muß. – Gewiß wohl. – Gestehen wir etwa auch dieses,
daß, wenn einem Erkenntnis auf folgende Weise kommt,
dies Erinnerung sei? Ich meine aber diese Art, wenn
jemand irgend etwas sieht oder hört oder anderswie wahrnimmt, und er dann nicht nur jenes erkennt, sondern
dabei noch ein anderes vorstellt, dessen Erkenntnis nicht
dieselbe ist, sondern eine andere, ob wir dann nicht mit
Recht sagen, daß er sich dessen erinnere, wovon er so eine
Vorstellung [d] bekommen hat? – Wie meinst du das? – So
wie dergleichen: Eine ganz andere Vorstellung ist doch die
von einem Menschen und die von einer Leier? – Wie sollte
sie nicht? – Du weißt aber doch, daß Liebhabern, wenn sie
eine Leier sehen, oder ein Kleid oder sonst etwas, was ihr
Liebling zu gebrauchen pflegt, es so ergeht: sie erkennen
die Leier, und in ihrer Seele nehmen sie zugleich das Bild
des Knaben auf, dem die Leier gehört, und das ist nun
Erinnerung; so wie auch einer, wenn er den Simmias sieht,
wohl leicht an den Kebes denkt, und tausenderlei dergleichen. – Tausenderlei, beim Zeus, sagte Simmias. – [e] Und
nicht wahr, sprach er, dergleichen ist nun Erinnerung,
vorzüglich, wenn es einem bei solchen Dingen begegnet,
die ihm, weil sie ihm seit langer Zeit schon nicht vorgekommen und er nicht an sie gedacht, in Vergessenheit
geraten waren. – Allerdings, sagte er. – Wie nun, kann
man sich auch wohl, wenn man ein gemaltes Pferd sieht

oder eine gemalte Leier, eines Menschen dabei erinnern,
und wenn man den Simmias gemalt sieht, sich des Kebes
dabei erinnern? – Auch das freilich. – Auch wenn man den
Simmias gemalt sieht, sich des Simmias selbst erinnern? –
[74a] Das kann man freilich, sagte er. –

19. Und nicht wahr, in allen diesen Fällen entsteht uns
Erinnerung, das eine Mal aus ähnlichen Dingen, das
andere Mal aus unähnlichen? – So entsteht sie. – Aber
wenn nun einer bei ähnlichen Dingen sich an etwas erinnert, muß ihm nicht auch das noch dazu begegnen, daß er
innewird, ob diese etwas zurückbleiben in der Ähnlichkeit oder nicht hinter dem, dessen er sich erinnert? – Notwendig, sagte er. – Wohlan denn, sprach jener, sieh zu, ob
sich dies so verhält. Wir nennen doch etwas gleich – ich
meine nicht ein Holz dem andern oder einen Stein dem
andern noch irgend etwas dergleichen, sondern außer diesem allen etwas anderes, das Gleiche selbst; sagen wir, daß
das etwas ist oder nichts? – [b] Etwas, beim Zeus, sprach
Simmias, ganz stark. – Erkennen wir auch dieses, was es
ist? – Allerdings, sprach er. – Woher nahmen wir aber
seine Erkenntnis? Nicht aus dem, was wir eben sagten,
wenn wir Hölzer oder Steine oder irgend andere gleiche
Dinge sahen, haben wir nicht bei diesen uns jenes vorge-
stellt, was doch verschieden ist von diesen? Oder scheint
es dir nicht verschieden zu sein? Bedenke es nur auch so:
Erscheinen dir nicht gleiche Steine oder Hölzer, ganz die-
selben bleibend, bisweilen als gleich und dann wieder
nicht? – O ja. – [c] Wie aber? Die gleichen Dinge selbst
erscheinen dir bisweilen als ungleich; etwa auch die
Gleichheit als Ungleichheit? – Nimmermehr wohl, Sokrates. – Also, sprach er, sind jene gleichen Dinge und dieses
Gleiche selbst nicht dasselbe. – Offenbar keineswegs, o
Sokrates. – Doch aber bei jenen gleichen, verschieden von

diesem Gleichen, hast du die Erkenntnis des letzteren vor-
gestellt oder erhalten? – Vollkommen richtig. – Indem es
jenen entweder ähnlich ist oder unähnlich? – Freilich. –
Und das macht ja, sprach er, keinen Unterschied. Denn
sooft du etwas von dieser Gesichtswahrnehmung aus
sehend dir noch ein anderes vorstellst, [d] es sei nun ähnlich oder unähnlich, so ist notwendig dieses Vorstellen
eine Erinnerung gewesen. – Allerdings. – Wie aber weiter,
sprach er, begegnet uns wohl so etwas bei den gleichen
Hölzern und andern, von denen wir eben sprachen?
Scheinen sie uns ebenso gleich zu sein wie das Gleiche
selbst, oder fehlt etwas daran, daß sie so sind wie das
Gleiche, oder nichts? – Gar viel, sprach er, fehlt daran. –
Müssen wir nun nicht gestehen, wenn jemand, der etwas
sieht, bemerkt: dieses, was ich hier sehe, will zwar sein
wie etwas gewisses anderes, [e] es bleibt aber zurück und
vermag nicht so zu sein wie jenes, sondern ist schlechter –
daß der, welcher dies bemerkt, notwendig jenes vorher
kennen muß, dem er sagt, daß das andere zwar gleiche,
aber doch dahinter zurückbleibe? – Notwendig. – Und
wie? Geht es uns nun so mit den gleichen Dingen und dem
Gleichen selbst? – Auf alle Weise. – Notwendig also kennen wir das Gleiche schon vor jener Zeit, [75a] als wir
zuerst, Gleiches erblickend, bemerkten, daß alles dergleichen strebe zu sein wie das Gleiche, aber doch dahinter
zurückbleibe. – So ist es. – Aber auch das geben wir doch
zu, daß wir eben dieses nirgend andersher bemerkt haben
noch imstande sind zu bemerken als bei dem Sehen oder
Berühren oder irgendeiner andern Wahrnehmung, denn
diese sind mir alle einerlei. – Sie sind auch einerlei, o
Sokrates, für das, wohin unsere Rede will. – Aber doch an
den Wahrnehmungen muß man bemerken, daß [b] alles
so in den Wahrnehmungen Vorkommende jenem nach-

strebt, was das Gleiche ist, und daß es dahinter zurück-
bleibt. Oder wie sollen wir sagen? – So. – Ehe wir also
anfingen zu sehen oder zu hören oder die anderen Sinne
zu gebrauchen, mußten wir schon irgendwoher die
Erkenntnis bekommen haben des eigentlich Gleichen,
was es ist, wenn wir doch das Gleiche in den Wahrnehmungen so auf jenes beziehen sollten, daß dergleichen
alles zwar strebt zu sein wie jenes, aber doch immer
schlechter ist. – Notwendig nach dem vorher Gesagten, o
Sokrates. – Nun aber haben wir doch gleich von unserer
Geburt an gesehen, gehört und die anderen Sinne
gebraucht? – Freilich. – [c] Und wir mußten, sagen wir,
schon ehe dieses geschah, die Erkenntnis des Gleichen
bekommen haben? – Ja. – Ehe wir also geboren wurden,
müssen wir sie, wie sich zeigt, bekommen haben. – So
zeigt es sich. –

20. Wenn wir sie also vor unserer Geburt empfangen
haben und in ihrem Besitz geboren worden sind: so
erkannten wir auch schon, ehe wir wurden und sobald wir
da waren, nicht das Gleiche nur und das Größere und
Kleinere, sondern alles dieser Art insgesamt. Denn es ist
uns ja jetzt nicht mehr von dem Gleichen die Rede als auch
von dem Schönen selbst und dem Guten selbst [d] und
dem Rechten und Frommen und, wie ich sage, von allem,
was wir bezeichnen als »dies selbst, was es ist«, in unsern
Fragen, wenn wir fragen, und in unsern Antworten, wenn
wir antworten. So daß wir notwendig von diesem allen die
Erkenntnisse, schon ehe wir geboren wurden, erhalten
haben. – So ist es. – Und daß wir, wenn wir sie nicht
immer wieder vergäßen, nachdem wir sie bekommen,
auch immer wissen und uns ihrer das ganze Leben hindurch bewußt sein würden. Denn das heißt ja wissen, eine
empfangene Erkenntnis besitzen und nicht verloren

haben. Oder heißt das nicht vergessen, o Simmias, Verlust einer Erkenntnis? – [e] Auf alle Weise, sagte er, o Sokrates. – Und wenn wir, meine ich, vor unserer Geburt sie besaßen und sie bei der Geburt verloren haben, hernach aber beim Gebrauch unserer Sinne an solchen Gegenständen eben jene Erkenntnisse wieder aufnahmen, die wir einmal schon vorher hatten: ist dann nicht, was wir lernen heißen, das Wiederaufnehmen einer uns schon angehörigen Erkenntnis? Und wenn wir dies »wiedererinnern« nennen, werden wir es nicht richtig benennen? – Gewiß.– [76a] Denn das hatte sich uns doch als möglich gezeigt, daß, wer etwas wahrnimmt, es sei nun durch Gesicht und Gehör oder irgendeinen anderen Sinn, dabei etwas anderes vorstellen könne, was er vergessen hatte und was diesem nahe kam als unähnlich oder als ähnlich. Also, wie ich sage, eines von beiden, entweder sind wir dieses wissend geboren worden und wissen es unser Leben lang alle, oder die, von denen wir sagen, daß sie hernach erst lernen, erinnern sich dessen nur, und das Lernen ist eine Erinnerung. – Wohl gar sehr verhält es sich so, Sokrates. –

21. Welches nun wählst du, o Simmias? Daß wir wissend geboren werden [b] oder daß wir uns hernach dessen erinnern, wovon wir schon vorher eine Erkenntnis gehabt hatten? – So im Augenblick, o Sokrates, weiß ich nicht zu wählen. – Wie aber? Kannst du hier wählen, und was dünkt dich hiervon? Muß ein wissender Mann von dem, was er weiß, Rechenschaft geben können oder nicht? – Ganz notwendig, o Sokrates, sprach er. – Und dünkt dich denn, daß alle Rechenschaft zu geben imstande sind von dem, was wir eben anführten? – Das wünschte ich wohl, sprach Simmias; aber ich fürchte vielmehr, es möchte uns schon morgen hierzulande keiner mehr gefunden werden, der dies gehörig zu tun vermöchte. – [c] Du meinst also

nicht, o Simmias, daß alle dieses wissen? – Keineswegs. –
Also erinnern sie sich dessen, was sie einst gelernt hatten?
– Notwendig. – Wann aber hatten unsere Seelen die
Erkenntnis davon bekommen? Doch wohl nicht, seitdem
wir als Menschen geboren sind? – Nicht füglich. – Früher
also? – Ja. – Also waren, o Simmias, die Seelen, auch ehe
sie in menschlicher Gestalt waren, ohne Leiber, und hatten Einsicht. – Wenn wir nicht etwa bei der Geburt diese
Erkenntnisse empfangen, o Sokrates, denn diese Zeit
bleibt uns noch übrig. – [d] Gut, o Freund! Aber in welcher andern Zeit verlieren wir sie denn? Denn wir haben
sie nicht, wenn wir geboren werden, wie wir eben eingestanden. Oder verlieren wir sie in derselben Zeit, in welcher wir sie auch empfangen? Oder weißt du noch eine
andere Zeit anzugeben? – Keineswegs, o Sokrates, sondern ich merkte nur nicht, daß ich nichts sagte. –
22. Also verhält es sich nun so, sprach er, o Simmias?
Wenn das etwas ist, was wir immer im Munde führen, das
Schöne und Gute und jegliches Wesen dieser Art, und wir
hierauf alles, was uns durch die Sinne kommt, beziehen,
[e] als auf ein vorher Gehabtes, was wir als das unsrige
wieder auffinden, und diese Dinge damit vergleichen: so
muß notwendig, ebenso wie dieses ist, so auch unsere
Seele sein, auch ehe wir noch geboren worden sind. Wenn
aber alles dieses nichts ist, so wäre dann auch diese Rede
vergeblich geredet. Verhält es sich wohl so, und ist es die
ganz gleiche Notwendigkeit, daß jenes ist und daß auch
unsere Seelen sind auch vor unserer Geburt und daß,
wenn jenes nicht, dann auch nicht dieses? – Über die
Maßen, o Sokrates, sprach Simmias, dünkt es mich dieselbe Notwendigkeit zu sein; und an einen sichern Ort
rettet sich unser Satz, dahin nämlich, daß unsere Seele auf
dieselbe Weise ist, [77a] ehe wir noch geboren werden, wie

jenes alles, wovon du eben sprachst. Denn ich habe gar nichts, was mir so klar wäre wie eben dieses, daß alles dergleichen wahrhaft in dem allerhöchsten Sinne ist, das Schöne und das Gute und was du sonst eben anführtest; und mir wenigstens genügt der Beweis vollkommen. – Wie aber dem Kebes? sprach Sokrates. Denn wir müssen auch den Kebes überzeugen. – Gewiß auch ihm, sprach Simmias, wie ich glaube, wiewohl er der hartnäckigste Mensch ist im Unglauben an anderer Reden. Allein davon, glaube ich, ist er nun hinreichend überzeugt, daß, ehe wir geboren wurden, unsere Seele war.

23. [b] Ob aber auch, nachdem wir gestorben sind, sie noch sein wird, das scheint auch mir selbst, o Sokrates, noch nicht bewiesen zu sein, sondern es steht noch entgegen, wie auch Kebes eben sagte, jene Rede der Vielen, ob nicht, indem der Mensch stirbt, die Seele zerstiebt und auch ihr dieses das Ende des Seins ist. Denn was hindert doch, daß sie zwar anderwärts her werde und bestehe und sei, auch ehe sie in menschlichen Leib gelangt, daß aber doch, nachdem sie in diesen gelangt ist, wenn sie von ihm getrennt wird, alsdann auch sie selbst endet und untergeht? – [c] Wohl gesprochen, o Simmias, sagte Kebes. Denn es scheint gleichsam die eine Hälfte von dem bewiesen zu sein, was wir brauchen, daß nämlich, ehe wir geboren wurden, unsere Seele war; aber man muß doch dazu beweisen, daß auch, wenn wir tot sind, sie um nichts weniger sein wird als vor unserer Geburt, wenn der Beweis seine Vollendung bekommen soll. – Es ist doch, o Simmias und Kebes, sprach Sokrates, auch jetzt schon bewiesen, wenn ihr diesen Satz zusammenbringen wollt mit jenem, den wir vorher zugestanden hatten, daß nämlich alles Lebende aus dem Gestorbenen entsteht. Denn wenn die Seele auch vorher ist und [d] wenn sie notwen-

dig, indem sie ins Leben geht und geboren wird, nirgends
andersher kommen kann als aus dem Tode und dem
Gestorbensein: wie sollte sie dann nicht notwendig, auch
nachdem sie gestorben ist, sein, wenn sie doch wiederum
geboren werden soll? Bewiesen also ist dies, wie ich sagte,
auch jetzt schon.

24. Dennoch scheint ihr, du und Simmias, gern auch diesen Satz noch weiter durcharbeiten zu wollen und euch zu
fürchten wie die Kinder, daß nicht gar buchstäblich der
Wind sie, wenn sie aus dem Leibe herausfährt, auseinan-
derwehe und zerstäube, [e] zumal wenn einer nicht etwa
bei Windstille, sondern in recht tüchtigem Sturmwinde
stirbt. – Da sagte Kebes lächelnd: So tue denn so, als
fürchteten wir uns, und versuche, uns zu überreden. Lieber jedoch nicht, als ob wir selbst uns fürchteten, aber
vielleicht ist auch in uns ein Kind, welches dergleichen
fürchtet. Dieses also wollen wir versuchen zu überzeugen, daß es den Tod nicht fürchten müsse wie ein
Gespenst. – Dieses müßt ihr, sprach Sokrates, täglich
besprechen, bis ihr es herausbannt. – [78a] Woher aber, o
Sokrates, sprach er, sollen wir einen tüchtigen Besprecher
zu solchen Dingen nehmen, nun du doch von uns schei-
dest? – Hellas ist noch groß, o Kebes, sagte er, und treffliche Männer sind darin, und groß sind auch die Geschlechter der Barbaren, die ihr alle durchsuchen müßt, um einen
solchen Besprecher zu finden, ohne weder Geld zu
scheuen noch Mühe. Denn es gibt wohl nichts, worauf ihr
das Geld besser wenden könntet. Aber auch untereinander müßt ihr euch bemühen, denn ihr möchtet auch wohl
nicht leicht einen finden, der dies besser als ihr zu tun
vermöchte. – Das soll gewiß geschehen, sprach Kebes,
von wo wir aber abgegangen sind, dahin laß uns zurück-

kehren, [b] wenn es dir recht ist. – Mir gar sehr recht, wie
sollte es nicht? – Wohl gesprochen, sagte er. –

25. Also ungefähr so, sprach Sokrates, müssen wir uns
selbst fragen: Welcherlei Dingen kommt es wohl zu, dies
zu erfahren, das Zerstieben, und für welche muß man also
fürchten, daß ihnen dieses begegne, welchen aber kommt
es nicht zu, und für welche nicht? Dann müssen wir untersuchen, zu welchen von beiden die Seele gehört, und hieraus und dem gemäß entweder Mut fassen oder besorgt
sein für unsere Seelen. – Ganz richtig, sagte er. – [c] Und
nicht wahr, dem, was man zusammengesetzt hat und was
seiner Natur nach zusammengesetzt ist, kommt wohl zu,
auf dieselbe Weise aufgelöst zu werden, wie es zusammengesetzt worden ist; wenn es aber etwas Unzusam-
mengesetztes gibt, diesem, wenn sonst irgend einem,
kommt wohl zu, daß ihm dieses nicht begegne? – Das
scheint mir sich so zu verhalten, sprach Kebes. – Und
nicht wahr, was sich immer gleich verhält und auf einerlei
Weise, davon ist wohl am wahrscheinlichsten, daß es das
Unzusammengesetzte sei; was aber bald so, bald anders
und nimmer auf gleiche Weise, dieses das Zusammenge-
setzte? – Mir wenigstens scheint es so. – So gehen wir
denn, sprach er, zu dem, wovon wir auch vorher sprachen. [d] Jenes Wesen selbst, welchem wir das eigentliche
Sein zuschreiben in unsern Fragen und Antworten, verhält sich dies wohl immer auf gleiche Weise, oder bald so,
bald anders? Das Gleiche selbst, das Schöne selbst, und so
jegliches, was nur ist, selbst, nimmt das wohl jemals auch
nur irgendeine Veränderung an? Oder verhält sich nicht
jedes dergleichen als ein einartiges Sein an und für sich
immer auf gleiche Weise und nimmt niemals auf keine
Weise irgendwie eine Veränderung an? – Auf gleiche

Weise, sprach Kebes, und einerlei verhält es sich notwendig, o Sokrates. – Wie aber die vielen Dinge, wie Menschen, Pferde, Kleider [e] oder sonst irgend etwas dergleichen, schöne oder gleiche oder sonst einem von jenem gleichnamige, verhalten sich auch diese immer gleich oder ganz jenem entgegengesetzt, weder mit sich selbst jedes noch untereinander jemals, um es kurz zu sagen, auch nur im mindesten gleich? – Wiederum so, sprach Kebes, scheint mir dieses niemals einerlei sich zu verhalten. – [79a] Und diese Dinge, sprach er, kannst du doch anrühren, sehen und mit den andern Sinnen wahrnehmen; aber zu jenen sich gleichseienden kannst du doch wohl auf keine Weise irgend anders gelangen als durch das Denken der Seele selbst, sondern unsichtbar sind diese Dinge und werden nicht gesehen. – Auf alle Weise, sagte er, hast du recht. –

26. Sollen wir also, sprach er, zwei Arten des Seienden setzen, sichtbar die eine und die andere unsichtbar? – Das wollen wir, sprach er. – Und die unsichtbare als immer auf gleiche Weise sich verhaltend, die sichtbare aber niemals gleich? – Auch das, sagte er, wollen wir setzen. – [b] Wohlan denn, sprach er, ist nicht von uns selbst das eine Leib und das andere Seele? – Allerdings. – Welcher von jenen beiden Arten nun wollen wir wohl sagen daß der Leib ähnlicher sei und verwandter? – Das muß ja jedem deutlich sein, dem Sichtbaren. – Wie aber die Seele, ist die unsichtbar oder sichtbar? – Menschen wenigstens ist sie es nicht, o Sokrates, sagte er. – Aber wir sprachen doch von dem Sichtbaren und Unsichtbaren für die Natur der Menschen, oder meinst du für irgendeine andere? – Für die menschliche. – Was sagen wir also von der Seele, daß sie sichtbar sei oder nicht sichtbar? – Nicht sichtbar. – Also unsichtbar. – Ja. – Ähnlicher also als der Leib ist die Seele

dem Unsichtbaren, er aber dem Sichtbaren. – [c] Ganz
notwendig, o Sokrates. –

27. Und nicht wahr, auch das haben wir schon lange
gesagt, daß die Seele, wenn sie sich des Leibes bedient, um
etwas zu betrachten, es sei durch das Gesicht oder das
Gehör oder irgendeinen andern Sinn – denn das heißt
vermittels des Leibes, wenn man vermittels eines Sinnes
etwas betrachtet –, daß sie dann von dem Leibe gezogen
wird zu dem, was sich niemals auf gleiche Weise verhält,
und dann selbst schwankt und irrt und wie trunken tau-
melt, weil sie ja eben solches berührt. – Das haben wir
gesagt. – [d] Wenn sie aber durch sich selbst betrachtet,
dann geht sie zu dem reinen, immer seienden Unsterblichen und sich stets Gleichen, und als diesem verwandt hält
sie sich stets zu ihm, wenn sie für sich selbst ist und es ihr
vergönnt wird, und dann hat sie Ruhe von ihrem Irren
und ist auch in Beziehung auf jenes immer sich selbst
gleich, weil sie ebensolches berührt, und diesen ihren
Zustand nennt man eben die Vernünftigkeit. – Auf alle
Weise, o Sokrates, sagte er, ist dies schön und wahr
gesagt. – Welcher von beiden Arten also dünkt dich die
Seele nach dem Vorherigen und [e] dem jetzt Gesagten
ähnlicher und verwandter zu sein? – Jeder, sagte er, dünkt
mich, o Sokrates, müßte nach dieser Darstellungsweise
zugeben, auch der Ungelehrigste, daß doch in allem und
jedem die Seele dem sich immer gleich Bleibenden ähnlicher ist als dem nicht solchen. – Und wie der Leib? – Dem
anderen. –

28. Betrachte es auch von dieser Seite, daß, solange Leib
und Seele zusammen sind, [80a] die Natur ihm gebietet, zu
dienen und sich beherrschen zu lassen, ihr aber, zu herr-
schen und zu regieren; auch hiernach nun, welches von
beiden dünkt dich dem Göttlichen ähnlich zu sein und

welches dem Sterblichen? Oder dünkt dich nicht das
Göttliche so geartet zu sein, daß es herrscht und regiert,
das Sterbliche aber, daß es sich beherrschen läßt und
dient? – Das dünkt mich. – Welchem gleicht nun die
Seele? – Offenbar, o Sokrates, die Seele dem Göttlichen
und der Leib dem Sterblichen. – Sieh nun zu, sprach er, o
Kebes, ob aus allem Gesagten uns dieses hervorgeht,
[b] daß dem Göttlichen, Unsterblichen, Vernünftigen,
Eingestaltigen, Unauflöslichen und immer einerlei und
sich selbst gleich sich Verhaltenden am ähnlichsten ist
die Seele, dem Menschlichen aber und Sterblichen und
Unvernünftigen und Vielgestaltigen und Auflöslichen
und nie einerlei und sich selbst gleich Bleibenden, diesem
wiederum der Leib am ähnlichsten ist? Oder wissen wir
hiergegen noch etwas anderes zu sagen, lieber Kebes, daß
es sich nicht so verhalte? – Wir wissen nichts dergleichen. –

29. Wie nun, wenn sich dieses so verhält, kommt nicht
dem Leibe wohl zu, leicht aufgelöst zu werden, der Seele
hingegen, ganz und gar unauflöslich zu sein oder wenigstens beinahe so? – [c] Wie sollte es nicht? – Und du
bemerkst doch, sprach er, daß, wenn der Mensch stirbt,
auch seinem Sichtbaren, dem Leibe, der noch im Sichtbaren daliegt, den wir Leichnam nennen und dem es
zukommt, aufgelöst zu werden und zu zerfallen und verweht zu werden, nicht gleich etwas hiervon widerfährt,
sondern er noch eine ganz geraume Zeit so bleibt, und
wenn einer bei günstiger Leibesbeschaffenheit stirbt und
zu ebensolcher Zeit, dann gar lange. Und wenn der Leib
zusammengefallen ist und getrocknet, wie sie in Ägypten
einbalsamiert werden, so hält er sich fast undenkliche
Zeit. [d] Ja einige Teile des Leibes, wie Knochen, Sehnen
und alles dergleichen, sind, wenn er auch schon verfault

ist, sozusagen doch fast unsterblich. Oder nicht? – Ja. –
Und die Seele also, das Unsichtbare und sich an einen
andern ebensolchen Ort Begebende, der edel und rein und
unsichtbar ist,[25] nämlich in die wahre Geisterwelt zu dem
guten und weisen Gott, wohin, wenn Gott will, alsbald
auch meine Seele zu gehen hat, diese, die so beschaffen
und geartet ist, sollte, wenn sie von dem Leibe getrennt
ist, sogleich verweht und untergegangen sein, wie die meisten Menschen sagen? [e] Daran fehlt wohl viel, ihr lieben
Kebes und Simmias! Sondern vielmehr verhält es sich so,
wenn sie sich rein losmacht und nichts von dem Leibe mit
sich zieht, weil sie mit gutem Willen nichts mit ihm
gemein hatte im Leben, sondern ihn floh und in sich selbst
gesammelt blieb und dies immer im Sinn hatte – was nichts
anderes heißen will, als daß sie recht philosophierte und
darauf dachte, leicht zu sterben; [81a] oder hieß dies nicht,
auf den Tod bedacht sein? – Allerdings ja. – Also welche
sich so verhält, die geht zu dem ihr Ähnlichen, dem
Unsichtbaren, zu dem Göttlichen, Unsterblichen, Vernünftigen, wohin gelangt ihr dann zuteil wird, glückselig
zu sein, von Irrtum und Unwissenheit, Furcht und wilder
Liebe und allen andern menschlichen Übeln befreit,
indem sie, wie es bei den Eingeweihten heißt, wahrhaft die
übrige Zeit mit Göttern lebt. Wollen wir so sagen, o
Kebes, oder anders? – So, beim Zeus, sprach Kebes. –
30. [b] Wenn sie aber, meine ich, befleckt und unrein von
dem Leibe scheidet, weil sie eben immer mit dem Leibe
verkehrt und ihn gepflegt und geliebt hat und von ihm
bezaubert gewesen ist und von den Lüsten und Begierden,
so daß sie auch glaubte, es sei überhaupt gar nichts anderes
wahr als das Körperliche, was man betastet und sieht, ißt
und trinkt und zur Liebe gebraucht, und weil sie das für
die Augen Dunkle und Unsichtbare, der Vernunft hin-

gegen Faßliche und mit Weisheitsliebe zu Ergreifende
gewohnt gewesen ist zu hassen und zu scheuen und zu
fürchten, meinst du, daß eine so beschaffene Seele [c] sich
werde rein für sich absondern können? – Wohl nicht im
mindesten, sprach er. – Sondern durchzogen von dem
Körperlichen, womit sie durch den Umgang und Verkehr
mit dem Leibe, wegen des ununterbrochenen Zusammen-
seins und der vielen Sorge um ihn, gleichsam zusammen-
gewachsen ist? – Freilich. – Und dies, o Freund, muß man
doch glauben, sei unbeholfen und schwerfällig, irdisch
und sichtbar, so daß auch die Seele, die es an sich hat,
schwerfällig ist und wieder zurückgezogen wird in die
sichtbare Gegend aus Furcht vor dem Unsichtbaren und
der Geisterwelt, wie man sagt, an den Denkmälern und
[d] Gräbern umherschleichend, an denen daher auch allerlei dunkle Erscheinungen von Seelen gesehen worden
sind, wie denn solche Seelen wohl Schattenbilder darstellen müssen, welche nicht rein abgelöst sind, sondern noch
teilhaben an dem Sichtbaren, weshalb sie denn auch gesehen werden.[26] – Das leuchtet wohl ein, o Sokrates. – Und
freilich leuchtet auch ein, o Kebes, daß dies nicht die Seelen der Guten sind, sondern der Schlechten, welche um
dergleichen gezwungen sind herumzuirren, Strafe leidend
für ihre frühere Lebensweise, welche schlecht war. Und
so lange irren sie, bis sie durch die Begierde [e] des sie noch
begleitenden Körperlichen wieder gebunden werden in
einen Leib.

31. Und natürlich werden sie in einen von solchen Sitten
gebunden, deren sie selbst sich befleißigt hatten im Leben.
– Was meinst du für welche, o Sokrates? – Wie, die sich
ohne alle Scheu der Völlerei und des Übermuts und Trun-
kes befleißigten, solche begeben sich wohl natürlich in
Esel [82a] und ähnliche Arten von Tieren. Oder meinst du

nicht? – Das ist ganz wahrscheinlich. – Die aber Ungerechtigkeit, Herrschsucht und Raub vorzogen, diese
dagegen in die verschiedenen Geschlechter der Wölfe,
Habichte und Geier. Oder wohin anders sollen wir sagen,
daß solche gehen? – Ohne weiteres, sprach Kebes, in dergleichen. – Und gewiß so doch auch mit den übrigen, daß
jegliche der Ähnlichkeit mit ihren Bestrebungen nachgeht? – Gewiß, wie sollte sie nicht. – Also, sprach er, sind
auch wohl die glücklichsten unter diesen die, und kommen an den besten Ort, welche der volksmäßigen und
bürgerlichen Tugend nachgestrebt haben, [b] die man
doch auch Besonnenheit und Gerechtigkeit nennt, die
aber nur aus Gewöhnung und Übung entsteht ohne Philosophie und Vernunft? – Wieso sind diese die glückselig-
sten? – Weil doch natürlich ist, daß diese wiederum in eine
solche gesellige und zahme Gattung gehen, etwa in Bienen
oder Wespen oder Ameisen, oder auch wieder in diese
menschliche Gattung, und wieder ganz leidliche Männer
werden. – Das ist natürlich. –

32. In der Götter Geschlecht aber ist wohl keinem, der
nicht philosophiert hat und vollkommen rein abgegangen
ist, [c] vergönnt zu gelangen, sondern nur dem Lernbegierigen[27]. Eben deshalb nun, o lieber Simmias und Kebes,
enthalten sich die wahrhaften Philosophen aller von dem
Leibe herführenden Begierden und harren aus und geben
sich ihnen nicht hin, nicht etwa weil sie Verderb des Haus-
wesens und Armut fürchten, wie die meisten Geldsüchti-
gen, noch auch die Ehrlosigkeit und Schmach der Trägheit
scheuend, wie die Herrschsüchtigen und Ehrsüchtigen,
enthalten sie sich ihrer. – Das würde sich auch für sie nicht
ziemen, o Sokrates, sprach Kebes. – [d] Freilich nicht,
beim Zeus, sagte er. Darum sagen auch allen solchen, o
Kebes, jene alle, die irgend für ihre Seele Sorge tragen und

nicht für der Leiber Bildung und Bedienung leben, Fahre-
wohl und gehen nicht gleichen Schritt mit ihnen, die ja
nicht wissen, wohin sie gehen. Sie selbst aber, feststellend,
daß sie nichts tun dürfen, was der Philosophie zuwider
wäre und der Erlösung und Reinigung durch sie, wenden
sich dorthin jener folgend, wie sie führt. –

33. Wie das, o Sokrates? – Das will ich dir sagen, sprach er.
Es erkennen nämlich die Lernbegierigen, [e] daß die Philosophie, indem sie ihre Seele übernimmt als ordentlich
gebunden im Leibe und ihm anklebend und gezwungen,
wie durch ein Gitter durch ihn das Sein zu betrachten,
nicht aber für sich allein, und daher in aller Torheit sich
umherwälzend, und da sie die Gewalt dieses Kerkers
erkennt, daß er durch die Begierde besteht, auf welche
Weise der Gebundene selbst am meisten immer mit an-
greift, um gebunden zu werden – [83a] wie ich nun sage,
die Lernbegierigen erkennen, daß, indem die Philosophie
in solcher Beschaffenheit ihre Seele annimmt, sie ihr
gelinde zuspricht und versucht, sie zu erlösen, indem sie
zeigt, daß alle Betrachtung durch die Augen voll Betrug
ist, voll Betrug auch die durch die Ohren und die übrigen
Sinne, und deshalb sie überredet, sich von diesen zurück-
zuziehen, soweit es nicht notwendig ist, sich ihrer zu
bedienen, und sie ermuntert, sich vielmehr in sich selbst
zu sammeln und zusammenzuhalten und nichts anderem
zu glauben als sich selbst, [b] was sie für sich selbst von den
Dingen an und für sich anschaut; was sie aber vermittels
eines anderen betrachtet, dieses, weil es in jeglichem anderen wieder ein anderes wird, für nichts Wahres zu halten,
und solches sei ja eben das Wahrnehmbare und Sichtbare,
was sie aber selbst sieht, sei das Denkbare und Unsichtbare. Dieser Befreiung nun glaubt nicht widerstreben zu
dürfen des wahrhaften Philosophen Seele und enthält sich

deshalb der Lust und Begierde, der Unlust und Furcht, soviel sie kann, indem sie bedenkt, daß, wenn jemand sehr heftig sich freut oder fürchtet, trauert oder begehrt, er nicht nur ein so großes Übel hiervon erleidet, als er wohl glaubt, [c] wenn er etwa erkrankt ist oder einen Verlust erlitten hat seiner Begierden wegen, sondern was das größte und äußerste aller Übel ist, dieses erleidet er und bringt es nicht in Rechnung. – Welches ist doch dieses, o Sokrates? sprach Kebes. – Daß nämlich jedes Menschen Seele, sobald sie über irgend etwas sich heftig erfreut oder betrübt, auch genötigt ist, von demjenigen, womit ihr dieses begegnet, zu glauben, es sei das Wirksamste und das Wahrste, obwohl sich dies doch nicht so verhält. Und dies sind doch am meisten die sichtbaren Dinge, oder nicht? – Freilich. – [d] In diesem Zustande also wird am meisten die Seele von dem Leibe gebunden. – Wieso? – Weil jegliche Lust und Unlust gleichsam einen Nagel hat und sie an den Leib annagelt und anheftet und sie leibartig macht, wenn sie dann glaubt, daß das wahr sei, was auch der Leib dafür aussagt. Denn dadurch, daß sie gleiche Meinung hat mit dem Leibe und sich an dem nämlichen erfreut, wird sie, denke ich, genötigt, auch gleicher Sitte und gleicher Nahrung wie er teilhaftig zu werden, so daß sie nimmermehr rein in die Unterwelt kommen kann, sondern immer des Leibes voll von hinnen geht; daher sie auch bald wiederum in einen andern Leib fällt [e] und wie hineingesät sich einwurzelt und daher unteilhaftig bleibt des Umganges mit dem Göttlichen und Reinen und Eingestaltigen. – Vollkommen wahr ist, was du sagst, o Sokrates, sprach Kebes. –

34. Dieser Ursachen wegen also, o Kebes, sind die wahrhaft Lernbegierigen sittsam und tapfer, und nicht weshalb die Leute sagen. Oder meinst du? [84a] – Nein, ich gewiß nicht. – Es geht auch nicht anders, als daß die Seele eines philosophischen Mannes so rechnet und nicht glauben kann, sie müsse sich zwar von der Philosophie erlösen lassen, nachdem diese sie aber erlöst, sich selbst wiederum der Lust und Unlust hingeben, um sich wieder festbinden und die vorige Arbeit vergeblich machen zu lassen, als wolle sie das Gegenstück treiben zu der Penelope Weberei;[28] sondern Ruhe von dem allen sich verschaffend, der Vernunft folgend und immer darin verharrend, daß sie das Wahre und Göttliche [b] und der Meinung nicht Unterworfene anschaut und sich davon nährt, glaubt sie, solange sie lebt, so leben zu müssen, nach dem Tode aber, zu dem Verwandten und ebensolchen gelangt, von allen menschlichen Übeln erlöst zu werden. Hat sie sich so genährt, so ist wohl kein Wunder, wenn sie nicht fürchtet, ob sie nicht doch bei der Trennung von dem Leibe zerrissen, von ich weiß nicht welchen Winden verweht und zerstäubt umkommen und nirgend mehr sein werde.

35. [c] Eine Stille entstand nun, nachdem Sokrates dieses gesagt, auf lange Zeit, und er selbst, Sokrates, war ganz in das Vorgetragene vertieft, wie man ihm ansehen konnte, und auch die meisten von uns. Kebes und Simmias aber sprachen ein weniges miteinander. Da sah sie Sokrates an und fragte: Wie? Euch dünkt doch nicht etwa das Gesagte noch mangelhaft gesagt zu sein? Denn es gibt wohl noch viel Bedenken und Einwendungen dabei, wenn einer es ganz genau durchnehmen will. Hattet ihr nun etwas anderes untereinander, so will ich nichts gesagt haben; wenn ihr aber noch hierüber zweifelt, so tragt nur ja kein Bedenken, es entweder allein zu sagen und anzuführen, [d] wenn ihr glaubt, daß es so besser werde vorgetragen werden, oder auch mich mit dazu zu nehmen, wenn ihr meint, mit mir besser zu fahren. – Da sagte Simmias: Ich will dir die

Wahrheit sagen, Sokrates. Wir beide haben schon lange
zweifelnd einander angestoßen und aufgemuntert zu fragen, weil wir zwar gern hören möchten, aber doch Bedenken tragen, dir Unruhe zu machen, daß es dir nicht etwa
zuwider wäre bei dem jetzigen Unglück. – Als er dies
hörte, sagte er mit sanftem Lächeln: O weh, Simmias!
wahrlich gar schwer werde ich die übrigen Menschen
überzeugen, [e] daß ich das jetzige Geschick für kein
Unglück halte, da ich nicht einmal euch überzeugen kann,
sondern ihr fürchtet, ich möchte jetzt mißgestimmter sein
als sonst im Leben. Und wie es scheint, haltet ihr mich in
der Wahrsagung für schlechter als die Schwäne, welche,
wenn sie merken, daß sie sterben sollen, wie sie schon
sonst immer gesungen haben, [85a] dann am meisten und
vorzüglichsten singen, weil sie sich freuen, daß sie zu dem
Gott gehen sollen, dessen Diener sie sind. Die Menschen
aber, wegen ihrer eigenen Furcht vor dem Tode, lügen
auch über die Schwäne und sagen, daß sie über den Tod
jammernd aus Traurigkeit sängen, ohne zu bedenken, daß
kein Vogel singt, wenn ihn hungert oder friert oder ihm
sonst irgend etwas fehlt, auch selbst nicht einmal die
Nachtigall oder die Schwalbe und der Wiedehopf, von
denen sie sagen, daß sie aus Unlust klagend singen; aber
weder diese, glaube ich, singen aus Traurigkeit noch die
Schwäne; [b] sondern weil sie, meine ich, dem Apollon
angehören, sind sie wahrsagerisch; und da sie das Gute in
der Unterwelt vorauserkennen, so singen sie und sind
fröhlich an jenem Tage besonders und mehr als sonst vorher. Ich halte aber auch mich dafür, ein Dienerschaftsge-
nosse der Schwäne zu sein und demselben Gotte heilig
und nicht schlechter als sie das Wahrsagen zu haben von
meinem Gebieter, also auch nicht unmutiger als sie aus
dem Leben zu scheiden. Also deshalb mögt ihr immer

sagen und fragen, was ihr wollt, solange die elf Männer
der Athener es gestatten. – Sehr schön, sagte Simmias; also
will ich dir sagen, was für Zweifel ich habe, [c] und dann
auch dieser, wiefern er das Gesagte nicht annimmt. Denn
ich denke über diese Dinge, o Sokrates, ungefähr wie
du, daß etwas Sicheres davon zu wissen in diesem Leben
entweder unmöglich ist oder doch gar schwer; aber was
darüber gesagt wird, nicht auf alle Weise zu prüfen, ohne
eher abzulassen, bis einer ganz ermüdet wäre vom Untersuchen nach allen Seiten, daß das einen gar weichlichen
Menschen verrät. Denn eines muß man doch in diesen
Dingen erreichen, entweder, wie es damit steht, lernen
oder finden oder, wenn dies unmöglich ist, die beste und
unwiderleglichste der menschlichen Meinungen darüber
nehmen [d] und darauf wie auf einem Notkahn versuchen
durch das Leben zu schwimmen, wenn einer nicht sicherer und gefahrloser auf einem festeren Fahrzeuge, einer
göttlichen Rede, reisen kann. So will denn auch ich jetzt
mich nicht schämen zu fragen, da ja auch du dasselbe
sagst, und nicht hernach mir selbst Vorwürfe zu machen
haben, daß ich jetzt nicht gesagt habe, was ich denke. Mir
nämlich, o Sokrates, sowohl wenn ich bei mir selbst als
wenn ich mit diesem das Gesagte betrachte, erscheint es
gar nicht gründlich genug. –
36. [e] Darauf sagte Sokrates: Vielleicht, o Freund, erscheint es dir ganz recht; aber sage nur, wiefern nicht
gründlich. – Insofern, sprach er, als auch von der Stimmung und der Leier und den Saiten einer ganz auf dieselbe
Weise reden könnte, daß nämlich die Stimmung etwas
Unsichtbares und Unkörperliches und gar Schönes und
Göttliches ist [86a] an der gestimmten Leier, die Leier
selbst aber und die Saiten Körper sind und Körperliches
und zusammengesetzt und irdisch und dem Sterblichen

verwandt. Wenn nun einer die Leier zerbräche oder die
Saiten zerschnitte oder zerrisse, so könnte einer mit derselben Rede wie du durchführen, jene Stimmung müsse
notwendig noch da sein und nicht untergegangen. Denn
es wäre doch keine Möglichkeit, daß die Leier noch da
sein sollte, nachdem die Saiten zerrissen wären, und die
Saiten selbst, die doch dem Sterblichen ähnlich sind, die
Stimmung aber sollte untergegangen sein, [b] die doch
dem Göttlichen und Unsterblichen gleichartig und verwandt ist, und zwar noch vor dem Sterblichen; sondern,
würde er sagen, notwendig muß die Stimmung noch
irgendwo sein, und eher werden die Hölzer verfaulen und
die Saiten, als jener etwas begegnen wird. Nun aber glaube
ich, o Sokrates, du selbst wirst auch dies schon erwogen
haben, daß wir uns die Seele als so etwas vorzüglich vorstellen, wenn doch unser Leib eingespannt ist und zusam-
mengehalten von Warmem und Kaltem, Trocknem und
Feuchtem und dergleichen Dingen, daß unsere Seele die
Mischung und Stimmung eben dieser Dinge sei, [c] wenn
sie schön und im rechten Verhältnis gegeneinander ge-
mischt sind. Ist nun die Seele eine Stimmung: so ist offenbar, daß, wenn unser Leib unverhältnismäßig erschlafft
oder angespannt wird von Krankheiten und andern Übeln,
die Seele dann notwendig sogleich umkommt, obgleich sie
das Göttlichste ist, eben wie alle andern Stimmungen in
Tönen und in allen Werken der Künstler, die Überreste
eines jeden Leibes aber noch lange Zeit bleiben, [d] bis sie
verbrannt werden oder verwesen. Sieh nun zu, was wir
gegen diese Rede sagen wollen, wenn jemand behauptet,
daß die Seele als die Mischung alles zum Leibe Gehörigen
in dem, was wir Tod nennen, zuerst untergehe. –
37. Da sah sich Sokrates um, wie er oftmals tat, und sagte
lächelnd: Simmias hat ganz recht gesprochen. Wenn nun

einer besseren Rat weiß als ich, warum antwortet er nicht? Denn er hat die Sache gewiß gar nicht schlecht angegriffen. Doch mich dünkt, ehe wir antworten, müssen wir erst auch den Kebes hören, [e] was der wieder unserer Rede Schuld gibt, damit wir Zeit gewinnen und uns beraten können, was wir sagen wollen, und dann, wenn wir ausgehört haben, ihnen entweder einräumen, wenn sie etwas Ordentliches scheinen angestimmt zu haben, oder wenn nicht, dann also unsere Rede verfechten. Also, sagte er, sprich, o Kebes, was denn dich beunruhigt hat. – Ich will es also sagen, sprach Kebes. Mir scheint nämlich unsere Rede noch immer auf demselben Fleck zu sein und an demselben Mangel, dessen wir schon vorher erwähnten,[29] auch jetzt noch zu leiden. [87a] Denn daß unsere Seele schon war, ehe sie in diese Gestalt kam, das will ich nicht zurücknehmen, daß es nicht sehr sinnreich und, wenn es nicht anmaßend ist zu sagen, ganz befriedigend bewiesen wäre; daß sie aber auch noch, wenn wir tot sind, irgendwo sei, dies scheint mir nicht ebenso. Daß freilich die Seele nicht stärker und dauerhafter sein sollte als der Leib, dies gebe ich der Einwendung des Simmias nicht nach, denn in diesem allen scheint sie mir sich gar weit zu unterscheiden. Warum also, könnte die Rede wohl sagen, bist du noch ungläubig, wenn du doch siehst, daß nach des Menschen Tode das Schwächere noch ist? Dünkt dich denn nicht, [b] daß das Dauerhaftere sich gewiß noch erhalten müsse in eben dieser Zeit? Dagegen nun überlege, ob ich hiermit etwas sage. Denn eines Bildes bedarf ich freilich auch, wie es scheint, ebensogut wie Simmias. Mich dünkt nämlich dies gerade ebenso gesagt, wie wenn jemand, wenn ein alter Mann, der ein Weber war, gestorben wäre, diese Rede führen wollte: Der Mensch ist nicht umgekommen, sondern ist gewiß noch irgendwo, und

zum Beweise dafür wollte er das Kleid anführen, was er
anhatte und selbst gewebt hatte, daß das doch noch wohlbehalten wäre und nicht umgekommen; und wenn ihm
einer nicht glauben wollte, [c] er diesen dann fragte, was
wohl seiner Natur nach dauerhafter wäre, ein Mensch
oder ein Kleid, wenn es nämlich im Gebrauch wäre und
getragen würde, und wenn der dann antworten müßte,
der Mensch bei weitem, jener dann glaubte bewiesen zu
haben, der Mensch also müsse wohl ganz gewiß wohlbehalten sein, da ja das Vergänglichere nicht untergegangen
wäre. Ich denke aber, o Simmias, das verhält sich nicht so.
Sieh aber auch du zu, was ich meine. Denn jeder würde
wohl der Meinung sein, daß dies einfältig gesagt wäre,
wenn es jemand sagen wollte. Denn dieser Weber hat
schon gar viele solche Kleider verbraucht und gewebt und
ist zwar später umgekommen als jene vielen, [d] aber als
das letzte, denke ich, doch eher, und deshalb ist doch
wohl ein Mensch noch immer nicht schlechter oder vergänglicher als ein Kleid. Und dieses selbe Bild, meine ich,
läßt sich anwenden auf Seele und Leib; und wer eben
dasselbe sagte von diesen, würde mir verständig zu reden
scheinen, daß nämlich die Seele zwar dauerhafter ist und
der Leib schwächer und vergänglicher, doch aber, würde
er hinzusetzen, verbrauche ja jede Seele viele Leiber,
zumal wenn sie viele Jahre lebe. Denn wenn der Leib
immer im Fluß ist und vergeht, solange der Mensch lebt,
[e] die Seele aber das Verbrauchte immer wieder webt: so
muß ja die Seele wohl, wenn sie umkommt, diese ihre
letzte Bekleidung noch haben und eher freilich nur als
diese einzige umkommen; und erst wenn die Seele umgekommen ist, kann dann der Leib die Natur seiner
Schwachheit beweisen, indem er schnell durch Fäulnis
vergeht. So daß man also diesem Satz noch nicht zuverläs-

sig trauen darf, daß, wenn wir tot sind, [88a] unsere Seele noch irgendwo ist. Denn wenn jemand auch dem, der deine Behauptung vorträgt, noch mehr einräumen wollte und zugeben, unsere Seele sei nicht nur in der Zeit vor unserer Geburt gewesen, sondern es hindere auch nichts, daß nicht auch nach dem Tode die Seelen einiger noch wären und sein würden und noch oft würden geboren werden und wieder sterben – denn so stark sei sie von Natur, daß sie dieses gar vielmal aushalten könne; nur aber, indem er dieses zugäbe, nicht auch noch jenes einräumte, daß sie in diesen vielen Geburten gar nicht von Kräften komme und auch am Ende nicht in einem von diesen Toden gänzlich untergehe, sondern sagte, diesen Tod [b] und diese Auflösung des Leibes, welche der Seele den Untergang bringt, wisse nur keiner, denn es sei unmöglich, daß irgendeiner von uns ihn fühle; wenn sich nun dieses so verhält, so kann doch von keinem, der über den Tod guten Mutes ist, gesagt werden, daß er nicht auf eine unverständige Weise mutig sei, wenn er nicht zu beweisen vermag, daß die Seele ganz und gar unsterblich und unvergänglich ist; wo nicht, so muß jeder, der im Begriff ist zu sterben, für seine eigene Seele in Sorgen sein, ob sie nicht gerade in dieser Trennung von dem Leibe ganz und gar untergehen werde.

38. [c] Alle nun, als wir sie beide dieses hatten sagen gehört, waren wir, wie wir uns hernach gestanden, auf unangenehme Weise verstimmt, weil sie uns, die wir durch die vorigen Reden stark überzeugt waren, wieder unruhig zu machen und in Ungewißheit zurückzuwerfen schienen, nicht nur über das bereits Gesagte, sondern auch wegen dessen, was nun noch würde gesagt werden, ob nicht wir ganz untaugliche Richter wären oder auch die Sache selbst gar nicht zu entscheiden.

Echekrates. Bei den Göttern, o Phaidon, ich verzeihe euch das. Denn auch ich, da ich dies jetzt von dir gehört, habe so zu mir gesprochen: [d] Welcher Rede soll man nun wohl noch glauben? Denn die so sehr glaubliche, welche Sokrates vorgetragen, ist nun doch um allen Glauben gekommen. Denn gar wunderbar ergreift mich dieser Satz jetzt und schon immer, daß unsere Seele eine Stimmung ist; und wie er jetzt ausgesagt worden, hat er mir in Erinnerung gebracht, daß auch mir das vorher schon so geschienen hatte. Und so bedarf ich nun wieder wie anfangs einer andern Rede, um mich zu überzeugen, daß mit dem Sterbenden die Seele nicht mitstirbt. Sage nun, beim Zeus, wie Sokrates dieses verfolgt hat und ob auch ihm, [e] wie du von euch sagst, etwas Verdrießliches anzumerken war oder nicht, sondern er seinen Satz ruhig verteidigte, und ob er es befriedigend getan hat oder unzureichend. Dies alles berichte uns so genau als möglich.

Phaidon. Gewiß, o Echekrates, wie oft ich auch schon den Sokrates bewundert hatte, nie doch war ich mehr von ihm eingenommen als damals. [89a] Denn daß er etwas zu erwidern wußte, ist wohl nichts Besonderes; aber ich bewunderte ihn vorzüglich darüber, wie freundlich und sanft und beifällig er die Reden der jungen Männer aufnahm, dann, wie scharf er bemerkte, wie sie auf uns gewirkt hatten, endlich, wie gut er uns heilte und gleichsam wie Flüchtlinge und Geschlagene zurückrief und uns zusprach, ihm zu folgen und die Rede mit ihm zu erwägen.

Echekrates. Wie also?

Phaidon. Das will ich dir sagen. Ich saß nämlich zu seiner Rechten [b] neben dem Bett auf einem Bänkchen, er aber saß weit höher als ich. Nun strich er mir über den Kopf, faßte die Haare im Nacken zusammen – denn er pflegte wohl oft in meinen Haaren zu spielen – und sagte: Morgen also, o Phaidon, wirst du wohl diese schönen Locken abscheren?[30] – So sieht es wohl aus, Sokrates, sprach ich. – Nicht doch, wenn du mir folgst. – Was denn? fragte ich. – Heute noch, sagte er, wollen wir, ich meine und du diese, abscheren, wenn uns nämlich die Rede stirbt und wir sie nicht wieder ins Leben rufen können. [c] Und wenn ich du wäre und mir diese Rede abhanden käme, wollte ich, wie die Argeier, einen Eid darauf ablegen, nicht eher das Haar wachsen zu lassen, bis ich in ehrlichem Kampf die Rede des Simmias und Kebes besiegt hätte.[31] – Aber, sagte ich, mit zweien kann es ja auch Herakles nicht aufnehmen. – So rufe denn mich herbei, sprach er, als deinen Iolaos,[32] solange es noch Tag ist. – Das tue ich denn, sagte ich, aber nicht als Herakles, sondern wie Iolaos den Herakles. – Das ist gleichviel, sagte er.

39. Aber daß wir uns ja zuerst hüten, daß uns nicht etwas Gewisses begegne. – Was doch? fragte ich. – [d] Daß wir ja nicht Redefeinde werden, sprach er, wie andere wohl Menschenfeinde. Denn unmöglich, sagte er, kann einem etwas Ärgeres begegnen, als wenn er Reden haßt. Und die Redefeindschaft entsteht ganz auf dieselbe Weise wie die Menschenfeindschaft. Nämlich die Menschenfeindschaft entsteht, wenn man einem auf kunstlose Weise zu sehr vertraut und einen Menschen für durchaus wahr, gesund und zuverlässig gehalten hat, bald darauf aber denselben als schlecht und unzuverlässig findet, und dann wieder einen; und wenn einem das öfter begegnet und bei solchen, die man für die vertrautesten und besten Freunde hält, [e] so haßt man dann endlich, wenn man immer wieder anstößt, alle, und glaubt, daß nirgend an einem irgend etwas Gesundes ist. Oder hast du nicht bemerkt, daß das so zu gehen pflegt? – Jawohl, sagte ich. – Ist das nun nicht,

sprach er, schändlich, und ist nicht offenbar, daß ein solcher sich ohne die Kunst, die sich auf Menschen versteht,
an den Umgang mit den Menschen wagt? Denn wenn er
dieser Kunst gemäß mit ihnen umginge: so würde er, wie
es sich in der Tat verhält, so auch glauben, [90a] daß die
sehr guten und sehr schlechten beide immer nur wenige
sind, die mittelmäßigen aber am zahlreichsten. – Wie
meinst du das? sprach ich. – Gerade, sagte er, wie mit dem
sehr Großen und sehr Kleinen; glaubst du, daß es etwas
Selteneres gibt, als einen ganz ausgezeichnet großen oder
ausgezeichnet kleinen Menschen oder Hund oder sonst
etwas zu finden? Und ebenso mit schnell und langsam,
häßlich und schön, weiß und schwarz? Oder hast du nicht
gemerkt, daß von alledem das Äußerste selten vorkommt
und wenig, das Mittlere aber unendlich häufig? – Freilich,
sprach ich. – [b] Und meinst du nicht, sagte er, wenn ein
Wettstreit der Schlechtigkeit angestellt würde, daß auch
da nur sehr wenige sich als die ersten zeigen würden? –
Natürlich, sagte ich. – Freilich natürlich, sprach er; aber
darin sind eigentlich die Reden nicht den Menschen ähnlich, sondern nur weil du führtest, bin ich dir hierher
gefolgt, wohl aber darin, daß, wenn jemand einer Rede
getraut hat, daß sie wahr sei, ohne die Kunst, welche sich
auf Reden versteht, und sie ihm dann bald darauf wieder
falsch vorkommt, manchmal mit Recht, manchmal mit
Unrecht, und so wieder eine und eine andere – und vorzüglich gilt das, wie du wohl weißt, [c] von denen, die sich
mit Streitreden abgeben, daß sie am Ende glauben, ganz
weise geworden und allein zu der Einsicht gelangt zu sein,
daß nicht nur an keinem Dinge irgend etwas Gesundes
und Richtiges ist, sondern auch an den Reden nicht, vielmehr alles sich ordentlich wie im Euripos[33] von oben nach
unten dreht und keine Zeitlang bei etwas bleibt. – Voll-

kommen richtig, sprach ich, redest du. – Und, o Phaidon, wäre das nun nicht ein Jammer, wenn es doch wirklich wahre und sichere Reden gäbe, die man auch einsehen könnte, [d] wenn einer, weil er auf solche Reden stößt, die ihm bald wahr zu sein scheinen, bald wieder nicht, sich selbst nicht die Schuld geben wollte und seiner Kunstlosigkeit, sondern am Ende aus Mißmut die Schuld gern von sich selbst auf die Reden hinwälzte und dann sein übriges Leben in Haß und Schmähungen gegen alle Reden hinbrächte und so der Wahrheit und Erkenntnis der Dinge verlustig ginge? – Beim Zeus, sagte ich, ein großer Jammer. –

40. So laß uns denn, sprach er, zuerst davor uns hüten und dem in unserer Seele keinen Eingang verstatten, [e] als ob an allen Reden am Ende wohl gar nichts Tüchtiges wäre; sondern vielmehr, daß wir nur noch nicht recht tüchtig sind, aber tapfer sein und trachten müssen, tüchtig zu werden, du und die übrigen des ganzen künftigen Lebens wegen, ich aber eben wegen des Todes. [91a] So daß ich vielleicht gar jetzt nicht sonderlich philosophisch mich in dieser Sache verhalte, sondern wie die ganz Ungebildeten rechthaberisch. Denn auch diese, wenn sie über etwas streiten, kümmern sich nicht darum, wie sich das wohl eigentlich verhält, wovon die Rede ist, sondern nur, daß den Anwesenden das annehmbar erscheine, was sie selbst festgestellt haben, danach trachten sie.[34] Und ich scheine gegenwärtig nur soviel mich von ihnen zu unterscheiden, daß ich nicht danach trachten will, daß den Anwesenden das, was ich behaupte, wahr erscheine, außer beiläufig, sondern daß es mir selbst nur recht gewiß sich so zu verhalten scheine. [b] Ich berechne nämlich, lieber Freund – und siehe nur, wie eigennützig –, wenn das wahr ist, was ich behaupte, ist es doch vortrefflich, davon überzeugt zu

sein; wenn es aber für die Toten nichts mehr gibt, werde
ich doch wenigstens diese Zeit noch vor dem Tode den
Anwesenden weniger unangenehm sein durch Klagen;
dieser mein Irrtum aber dauert nicht mit aus, denn das
wäre ein Übel, sondern wird in kurzem untergehen. So
gerüstet also, sprach er, o Simmias und Kebes, mache ich
mich an die Rede. Ihr aber, wenn ihr mir folgen wollt,
[c] kümmert euch wenig um den Sokrates, sondern weit
mehr um die Wahrheit; und wenn ich euch dünke etwas
Richtiges zu sagen, so stimmt mir bei, wenn aber nicht, so
widerstrebt mir auf alle Weise, damit ich nicht, im Eifer
mich und euch zugleich betrügend, euch wie eine Biene
den Stachel zurücklassend davongehe.

41. Wohlan denn, fuhr er fort, erinnert mich zuerst, was
ihr sagtet, wenn ihr vielleicht findet, daß ich es nicht recht
behalten habe. Simmias, denke ich, ist ungewiß und
fürchtet, die Seele möchte, obwohl etwas Göttlicheres
und Schöneres als der Leib, [d] doch vor ihm untergehen,
indem sie ihrer Natur nach eine Stimmung sei. Kebes aber
schien dieses zwar zuzugeben, daß die Seele dauerhafter
sei als der Leib, aber das könne doch niemand wissen, ob
nicht die Seele, wenn sie nun viele Leiber oftmals verbraucht hat, den letzten Leib doch zurückläßt und nun
selbst umkommt und dieses dann eben der Tod ist, der
Untergang der Seele, denn der Leib geht ja doch immer
unter ohne Aufhören. Ist es dieses, o Simmias und Kebes,
was wir jetzt zu betrachten haben? – [e] Sie gaben beide zu,
dieses sei es. – Und die vorigen Reden, sprach er, nehmt
ihr die alle nicht an, oder einige zwar, andere aber nicht? –
Einige, sprachen sie, andere aber nicht. – Was sagt ihr also
von jener Rede, sprach er, in welcher wir behaupteten,
alles Lernen sei Erinnerung, und wenn sich dies so verhalte, müsse notwendig unsere Seele anderswo vorher

sein, [92a] ehe sie an den Leib gebunden worden? – Ich
meinesteils, sprach Kebes, war damals wunderbar überzeugt davon und bleibe auch jetzt dabei, wie bei nichts
anderem. – Und mir, sagte Simmias, geht es ebenso, und
es sollte mich wundern, wenn ich jemals hierüber anders
dächte. – Aber du mußt doch anders denken, o thebani-
scher Freund, sprach Sokrates, wenn nämlich jene Meinung bestehen soll, daß eine Stimmung ein zusammengesetztes Ding ist und daß die Seele als eine Stimmung aus
dem, was in dem Leibe unter sich gespannt ist, bestehe.
Denn du wirst doch nicht sagen wollen, [b] die Stimmung
sei eher vorhanden, als dasjenige da ist, woraus sie hervor-
gehen muß; oder willst du das? – Keinesweges, o Sokrates,
sagte er. – Merkst du nun aber wohl, sagte er, daß dir
dieses herauskommt, wenn du sagst, die Seele sei eher, als
sie in eines Menschen Gestalt und Leib komme, sie sei
aber zusammengesetzt aus dem, was dann noch nicht ist?
Die Stimmung wenigstens ist nicht so, der du sie ver-
gleichst; sondern die Leier und die Saiten und [c] die Töne
sind vorher ungestimmt da, und zuletzt von allen entsteht
die Stimmung und geht zuerst wieder unter. Wie kann dir
nun diese Rede mit jener zusammenstimmen? – Gar nicht,
sprach Simmias. – Und doch, sprach er, sollte ja wohl,
wenn irgendeine Rede, die von der Stimmung gut zusammenstimmen. – Das sollte sie wohl, sagte Simmias. –
Diese aber, sagte er, stimmt dir doch nicht; also sieh zu,
welche von beiden du wählen willst, die, daß das Lernen
Erinnerung ist, oder die, daß die Seele Stimmung ist. –
Viel lieber jene, o Sokrates, sagte er. Denn diese letztere
[d] ist mir ohne allen Beweis gekommen, nur aus einer
gewissen Wahrscheinlichkeit und Angemessenheit, woher auch die meisten Menschen zu dieser Meinung kommen; ich weiß aber, daß die Reden, die sich nur durch

einen solchen Schein bewähren, leere Prahler sind, und
wenn man sich nicht wohl mit ihnen vorsieht, einen gar
leicht betrügen, in der Meßkunst und in allem andern.
Jene Rede aber von dem Lernen und der Erinnerung
beruht auf einem annehmungswürdigen Grunde; denn es
war gesagt worden, daß unsere Seele, auch ehe sie in den
Leib komme, ebenso sei, wie jenes Wesen selbst ist, welches den Beinamen führt dessen, »was ist«. [e] Und dieses
habe ich, wie ich mich selbst überzeuge, ganz mit Recht
und mit gutem Grunde angenommen. Daher ist nun notwendig, wie ich sehe, daß ich es weder mir noch einem
andern gelten lasse, welcher sagt, die Seele sei eine Stimmung. –

42. Und was, sprach er, o Simmias, sagst du hierzu?
Scheint dir wohl der Stimmung oder irgendeiner andern
Zusammensetzung zuzukommen, [93a] daß sie sich anders
verhalten könne als jenes, woraus sie besteht? – Keineswegs. – Auch nicht irgend etwas anderes tun, wie ich
denke, oder leiden außer dem, was jenes tut und leidet? –
Er stimmte ein. – Also kommt auch wohl der Stimmung
nicht zu, das anzuführen, woraus sie zusammengesetzt
ist, sondern zu folgen? – Das dünkte ihn auch so. – Weit
gefehlt also, daß die Stimmung entgegengesetzt sich
bewegen oder klingen oder sonstwie entgegengesetzt sein
könnte ihren Teilen. – Weit gefehlt, sagte er. – Und wie,
ist nicht ihrer Natur nach jede Stimmung gerade so Stimmung, wie sie gestimmt ist? – Das verstehe ich nicht, sagte
er. – Nicht, sagte er, wenn sie besser gestimmt ist oder in
höherem Grade, [b] falls dieses geschehen kann, wird sie
dann nicht auch mehr Stimmung sein und in höherem
Grade, wenn aber in geringerem und weniger, dann auch
nicht so sehr und weniger? – Freilich. – Findet nun das
wohl auch bei der Seele statt, daß eine Seele auch nur im

allergeringsten mehr und in höherem Grade oder weniger und in geringerem als die andere eben dieses, Seele, sein kann? – Nicht im mindesten, sagte er. – Wohlan denn, beim Zeus, sprach er, von der einen Seele sagt man doch, daß sie Vernunft hat und Tugend und gut ist, von der andern aber, daß sie Unvernunft und Verderben hat und schlecht ist; [c] und das sagt man doch mit Recht? – Mit Recht freilich. – Die nun annehmen, daß die Seele eine Stimmung ist, was werden die wohl sagen, daß dieses sei in den Seelen, die Tugend und das Laster? Etwa wiederum eine andere Stimmung und Verstimmtheit? So daß die eine gestimmt ist, die gute, und in ihr selbst, die doch Stimmung ist, eine andere Stimmung hat, die andere aber wiederum ungestimmt ist und keine andere in sich hat? – Ich weiß es nicht zu sagen, sprach Simmias; offenbar aber müßte so etwas sagen, wer jenes voraussetzt. – [d] Darüber aber sind wir ja vorher einig geworden, daß keine Seele mehr oder weniger Seele ist als die andere, und dies ist doch ebensoviel, als daß keine Stimmung mehr oder weniger Stimmung ist als die andere; nicht wahr? – Freilich. – Die aber weder mehr noch weniger Stimmung ist, ist auch weder mehr noch weniger gestimmt. Ist es so? – So ist es. – Die aber weder mehr noch weniger gestimmte, hat die wohl größeren oder geringeren Anteil an dem Wesen der Stimmung oder gleichen? – Gleichen. – Also auch die Seele, wenn die eine eben dieses, [e] Seele, weder mehr noch weniger ist als die andere, ist sie also auch weder mehr noch weniger gestimmt? – So ist es. – Und steht es so, so hat auch die eine weder mehr noch weniger Anteil an Verstimmtheit oder Stimmung? – Freilich nicht. – Und steht es wiederum so: könnte dann wohl die eine mehr oder weniger als die andere Anteil haben an Tugend und Laster, wenn doch das Laster Verstimmtheit ist und

die Tugend Stimmung? – Nicht mehr. – [94a] Oder vielmehr, o Simmias, wenn wir es recht genau nehmen, wird
keine Seele irgend Anteil am Laster haben, wenn sie Stimmung ist. Denn da die Stimmung immer vollkommen
eben dieses ist, Stimmung: so kann sie an der Verstimmtheit gar niemals Anteil haben. – Freilich nicht. – Dann also
auch nicht die Seele, da sie vollkommen Seele ist, am
Laster. – Wie ginge das wohl nach dem Gesagten? – Nach
dieser Rede also werden uns alle Seelen aller Lebendigen
gleich gut sein, wenn sie doch ihrer Natur nach gleich sehr
dieses sind, Seelen. – So dünkt mich auch, Sokrates,
sprach er. – Dünkt es dich aber auch recht so gesagt zu
sein, und daß der Rede dieses begegnen würde, [b] wenn
die Annahme richtig wäre, daß die Seele Stimmung sei? –
Ganz und gar nicht, sagte er. –

43. Und wie, über alles, was an dem Menschen ist, sagst
du nicht, daß eben die Seele herrsche, zumal noch die
vernünftige? – Gewiß nichts anderes. – Und etwa immer
nachgebend den Zuständen des Leibes, oder auch ihnen
widerstrebend? Ich meine nämlich so: wenn dieser Hitze
hat oder Durst, daß sie dennoch auf die entgegengesetzte
Seite zieht, zum Nichttrinken, und wenn Hunger, zum
Nichtessen, und in tausend andern Dingen sehen wir doch
[c] die Seele dem Leiblichen widerstreben. Oder nicht? –
Allerdings. – Haben wir aber nicht im vorigen zugegeben,
daß sie niemals, wenn sie Stimmung ist, entgegengesetzt
klingen kann, als jenes gespannt und nachgelassen und
geschwungen wird, oder was sonst dem widerfährt, woraus sie hervorgeht; sondern daß sie jenem folgen muß und
niemals anführen? – Das haben wir zugegeben; wie sollten
wir nicht? – Und wie? Scheint sie uns nun nicht doch ganz
das Gegenteil zu tun, alles jenes zu regieren, woraus man
doch sagt, daß sie bestehe, [d] und dem fast überall das

ganze Leben hindurch zu widerstreben und es zu beherrschen auf alle Weise, bald härter im Zaum haltend und auf
schmerzhafte Weise, wie in Sachen der Gymnastik und
Heilkunst, bald wieder gelinder? Und bald drohend, bald
verweisend, mit den Begierden, dem Zorn und der Furcht
wie eine andere mit einem andern redend? Wie auch
Homeros in der Odyssee gedichtet hat, wo er vom Odys-
seus sagt: »Aber er schlug an die Brust und strafte das
Herz mit den Worten: [e] Dulde nun aus, mein Herz,
noch Härteres hast du geduldet.«[35] Meinst du wohl, er
habe dies gedichtet in der Meinung, sie sei eine Stimmung
und eigne sich, geleitet zu werden von den Zuständen des
Leibes, und nicht vielmehr selbst sie zu leiten und zu
beherrschen, weil sie nämlich etwas weit Göttlicheres ist
als einer Stimmung zu vergleichen? – Beim Zeus, Sokrates, so kommt es mir nicht vor. – Also, mein Bester, mag
es wohl auf keine Weise recht sein von uns, zu sagen, die
Seele sei eine Stimmung. [95a] Denn wir würden, wie wir
sehen, weder mit dem Homeros, dem göttlichen Dichter,
eins sein noch mit uns selbst. – So verhalte es sich allerdings, sagte er.

44. Gut denn, sagte Sokrates, mit der thebanischen Harmonia sind wir, wie es scheint, noch so leidlich fertigge-
worden. Wie werden wir uns nun aber, o Kebes, auch mit
dem Kadmos einigen und auf welche Weise?[36] – Das,
denke ich, sprach Kebes, wirst du schon auffinden. Diese
Rede wenigstens gegen die Stimmung hast du ganz wunderbar über meine Erwartung durchgeführt. Denn als
Simmias sagte, was für Zweifel er hätte, verwunderte es
mich gar sehr, [b] was wohl jemand mit seiner Rede würde
anfangen können, und doch konnte sie hernach nicht einmal den ersten Anlauf der deinigen aushalten, wie mir
schien. So würde ich mich also auch nicht wundern, wenn

dasselbe auch der Rede des Kadmos begegnete. – O Guter, sprach Sokrates, nur nicht großsprechen, damit uns nicht ein Zauber das, was gesagt werden soll, verrufe und verdrehe. Doch das soll bei Gott stehen, wir aber wollen nun gut homerisch nähertretend[37] hieran versuchen, ob du wohl etwas sagst. Was du aber suchst, scheint mir der Hauptsache nach zu sein: du verlangst, es soll gezeigt werden, daß unsere Seele unvergänglich und unsterblich ist, [c] wenn doch ein philosophischer Mann, der im Begriff zu sterben guten Mutes ist und der Meinung, daß er nach seinem Tode sich dort vorzüglich wohl befinden werde, mehr als wenn er einer andern Lebensweise folgend gestorben wäre, wenn ein solcher nicht ganz unverständig und töricht sein soll bei seinem guten Mut. Zu zeigen aber, daß die Seele etwas Starkes und Göttliches ist, und daß sie war, ehe wir geboren wurden, dies alles, behauptest du, könne gar füglich auch nicht Unsterblichkeit andeuten, sondern daß die Seele zwar etwas lange Beharrendes ist und wer weiß wie lange Zeit vorher irgendwo gewesen ist und vielerlei gewußt und getan hat, aber deshalb doch noch nicht unsterblich wäre, [d] sondern eben dieses, daß sie in menschlichen Leib gekommen, könne schon der Anfang ihres Unterganges gewesen sein, gleichsam als eine Krankheit, und so könne sie in Jammer und Not dieses Leben leben und am Ende desselben in dem, was man Tod nennt, untergehen. Und ob sie einmal in den Leib kommt oder oft, dies, behauptest du, könne keinen Unterschied darin machen, daß doch jeder von uns besorgt sein müsse. Denn es gehöre sich gar wohl, daß jeder, der nicht unverständig sein wolle, sich fürchte, der nicht wisse und keine Rechenschaft davon geben könne, daß sie unsterblich ist. [e] Dies ist es ungefähr, glaube ich, o Kebes, was du meinst, und

absichtlich wiederhole ich es öfter, damit uns nichts davon
entgeht und auch du, wenn du willst, etwas hinzusetzen
und davontun kannst. – Darauf sagte Kebes: Für jetzt
habe ich wohl nichts davonzutun oder hinzuzusetzen;
sondern dies ist es, was ich sagen will.

45. Darauf hielt Sokrates einige Zeit inne, als ob er etwas
bei sich bedächte, und sagte dann: Es ist keine schlechte
Sache, o Kebes, welche du aufspürst. Denn wir müssen
nun im allgemeinen vom Entstehen und Vergehen die
Ursache behandeln. [96a] Ich also will dir, wenn du willst,
darlegen, wie es mir damit ergeht. Dünkt dich dann etwas
von dem, was ich sage, brauchbar zu sein zur Überzeugung von dem, wonach du fragst: so brauche es. – Allerdings, sprach Kebes, das will ich. – So höre denn, was ich
sagen werde. In meiner Jugend nämlich, o Kebes, hatte
ich ein wundergroßes Bestreben nach jener Weisheit, welche man die Naturkunde nennt; denn es dünkte mich
etwas Herrliches, die Ursachen von allem zu wissen,
wodurch jegliches entsteht und wodurch es vergeht und
wodurch es besteht, und hundertmal [b] wendete ich mich
bald hier-, bald dorthin, indem ich bei mir selbst zuerst
dergleichen überlegte: ob, wenn das Warme und Kalte in
Fäulnis gerät, wie einige gesagt haben,[38] dann Tiere sich
bilden? Und ob es wohl das Blut ist, wodurch wir denken,[39] oder die Luft[40] oder das Feuer[41]? Oder keines von
diesen, sondern das Gehirn bringt uns alle Wahrnehmungen hervor, die des Sehens und Hörens und Riechens, und
aus diesen entsteht dann Gedächtnis und Vorstellung, und
aus Erinnerung und Vorstellung, wenn sie zur Ruhe kommen, entstehe dann auf diese Weise Erkenntnis? Und
wenn ich wiederum das Vergehen von all diesem betrachtete und die Veränderungen am Himmel und auf der Erde,
[c] so kam ich mir am Ende zu dieser ganzen Untersu-

chung so untauglich vor, daß gar nichts darübergeht. Und
davon will ich dir hinreichenden Beweis geben. Nämlich
was ich schon vorher ganz genau wußte, wie es mir und
den andern vorkam, darüber erblindete ich nun bei dieser
Untersuchung so gewaltig, daß ich auch das verlernte, was
ich vorher zu wissen glaubte von vielen andern Dingen
und so auch davon, wodurch der Mensch wächst. Denn
dies, glaubte ich vorher, wisse jeder, daß es vom Essen
und Trinken herkäme. [d] Denn wenn aus den Speisen
zum Fleische Fleisch hinzukommt und zu den Knochen
Knochen, und ebenso nach demselben Verhältnis auch zu
allem übrigen das Verwandte sich hinzufindet, dann
würde natürlich die Masse, die vorher wenig gewesen
war, hernach viel und so der kleine Mensch groß. So
glaubte ich damals; dünkt dich das nicht ganz leidlich? –
Ei wohl, sagte Kebes. – Bedenke auch noch dies. Ich
glaubte genug an der Vorstellung zu haben, wenn ein
Mensch neben einem anderen kleinen stehend groß
schien, daß er gerade um den Kopf größer wäre, [e] und so
auch ein Pferd neben dem andern, und was noch deutlicher ist als dieses, Zehn schien mir mehr als Acht zu sein,
weil noch zwei dabei sind, und das Zweifüßige größer als
das Einfüßige, weil es um die Hälfte dieses überragt. –
Und jetzt, sprach Kebes, was dünkt dich hiervon? – Daß
ich, sagte er, beim Zeus, gar weit entfernt bin, auch nur zu
glauben, daß ich zu irgend etwas hiervon die Ursache
wisse, da ich mir ja das nicht einmal gelten lasse, daß,
wenn jemand eins zu einem hinzunimmt, dann entweder
das eine, zu welchem hinzugenommen worden, zwei
geworden ist oder das Hinzugenommene und das, zu welchem hinzugenommen worden, [97a] eben weil eins zu
dem andern hinzugekommen, zwei geworden sind. Denn
ich wundere mich, wie doch, als jedes für sich war, jedes

von ihnen soll eines gewesen sein und sie damals nicht zwei waren, nun sie aber einander nahe gekommen, dieses die Ursache gewesen ist, daß sie zwei geworden sind, die Vereinigung, daß man sie nebeneinander gestellt hat. Und ebensowenig, wenn jemand eines zerspaltet, kann ich mich noch überreden, daß wiederum dieses, die Spaltung, Ursache geworden ist, daß zwei geworden sind. Denn dies wäre ja eine ganz entgegengesetzte Ursache des Zweiwerdens als damals. [b] Damals nämlich, weil sie einander nähergebracht wurden und eines zum andern hinzugesetzt, nun aber, weil eines vom andern hinweggeführt und getrennt wird. Auch nicht, warum eines wird, getraue ich mich noch zu wissen, noch sonst irgend etwas mit einem Wort, warum es wird oder vergeht oder ist, nämlich nach dieser Art und Weise der Untersuchung, sondern ich mische mir eine andere auf gut Glück zusammen, diese aber lasse ich auf keine Weise gelten.

46. Aber als ich einmal einen hörte, aus einem Buche, wie er sagte, vom Anaxagoras, lesen, [c] daß die Vernunft das Anordnende ist und aller Dinge Ursache, an dieser Ursache erfreute ich mich, und es schien mir auf gewisse Weise sehr richtig, daß die Vernunft von allem die Ursache ist, und ich gedachte, wenn sich dies so verhält, so werde die ordnende Vernunft auch alles ordnen und jegliches stellen, so wie es sich am besten befindet. Wenn nun einer die Ursache von jeglichem finden wollte, wie es entsteht oder vergeht oder besteht, so müsse er nur dieses daran finden, wie es gerade diesem am besten sei zu bestehn oder irgend sonst etwas zu tun oder zu leiden. [d] Und demzufolge dann gezieme es dem Menschen nicht, nach irgend etwas anderem zu fragen, sowohl in bezug auf sich als auf alles andere, als nach dem Trefflichsten und Besten; und derselbe werde dann notwendig auch das Schlechtere wissen,

denn die Erkenntnis von beiden sei dieselbe. Dieses nun
bedenkend freute ich mich, daß ich glauben konnte, über
die Ursache der Dinge einen Lehrer gefunden zu haben,
der recht nach meinem Sinne wäre, an dem Anaxagoras,
der mir nun auch sagen werde, zuerst ob die Erde flach ist
oder rund und, [e] wenn er es mir gesagt, mir dann auch
die Notwendigkeit der Sache und ihre Ursache dazu
erklären werde, indem er auf das Bessere zurückginge und
mir zeigte, daß es ihr besser wäre, so zu sein. Und wenn er
behauptete, sie stände in der Mitte, werde er mir dabei
erklären, daß es ihr besser wäre, in der Mitte zu stehen;
und wenn er mir dies deutlich machte, [98a] war ich schon
ganz entschlossen, daß ich nie mehr eine andere Art von
Ursache begehren wollte. Ebenso war ich entschlossen,
mich nach der Sonne gleichermaßen zu erkundigen und
nach dem Monde und den übrigen Gestirnen wegen ihrer
verhältnismäßigen Geschwindigkeit und ihrer Umwälz-
ungen und was ihnen sonst begegnet, woher es doch
jedem besser ist, das zu verrichten und zu erleiden, was
jeder erleidet. Denn ich glaubte ja nicht, nachdem er einmal behauptet, alles sei von der Vernunft geordnet, daß er
irgendeinen anderen Grund mit hineinziehen werde, als
daß es das Beste sei, daß sie sich so verhalten, wie sie sich
verhalten; [b] und also glaubte ich, indem er für jedes
einzelne und alles insgesamt den Grund nachwiese, werde
er das Beste eines jeglichen darstellen und das für alles
insgesamt Gute. Und für vieles hätte ich diese Hoffnung
nicht weggegeben; sondern ganz emsig griff ich zu den
Büchern und las sie durch, so schnell ich nur konnte, um
nur aufs schnellste das Beste zu erkennen und das Schlechtere.

47. Und von dieser wunderbaren Hoffnung, o Freund,
fiel ich ganz herunter, als ich fortschritt im Lesen und sah,

wie der Mann mit der Vernunft gar nichts anfängt und auch sonst gar nicht Gründe anführt, die sich beziehen auf das Anordnen der Dinge, [c] dagegen aber allerlei Luft und Äther und Wasser vorschiebt und sonst vieles Wunderliches. Und mich dünkte, es sei ihm so gegangen, als wenn jemand zuerst sagte, Sokrates tut alles, was er tut, mit Vernunft, dann aber, wenn er sich daranmachte, die Gründe anzuführen von jeglichem, was ich tue, dann sagen wollte, zuerst daß ich jetzt deswegen hier säße, weil mein Leib aus Knochen und Sehnen besteht, und die Knochen sind dicht und durch Gelenke voneinander geschieden, die Sehnen aber so eingerichtet, daß sie angezogen und nachgelassen werden können [d] und die Knochen umgeben nebst dem Fleisch und der Haut, welche sie zusammenhält. Da nun die Knochen in ihren Gelenken schweben, so bewirkten die Sehnen, wenn ich sie nachlasse und anziehe, daß ich jetzt imstande sei, meine Glieder zu bewegen, und aus diesem Grunde säße ich jetzt hier mit gebogenen Knien. Ebenso, wenn er von unserm Gespräch andere solche Ursachen anführen wollte, die Töne nämlich und die Luft und das Gehör und tausenderlei dergleichen herbeibringen, [e] ganz vernachlässigend, die wahren Ursachen anzuführen, daß nämlich, weil es den Athenern besser gefallen hat, mich zu verdammen, deshalb es auch mir besser geschienen hat, hier sitzenzubleiben, und gerechter, die Strafe geduldig auszustehen, welche sie angeordnet haben. Denn, beim Hunde, schon lange, glaube ich wenigstens, [99a] wären diese Sehnen und Knochen in Megara oder bei den Böotiern, durch die Vorstellung des Besseren in Bewegung gesetzt, hätte ich es nicht für gerechter und schöner gehalten, lieber als daß ich fliehen und davongehen sollte, dem Staate die Strafe zu büßen, die er verordnet. Also dergleichen Ursachen zu nennen ist gar zu wunderlich; wenn aber einer sagte, daß, ohne dergleichen zu haben, Sehnen und Knochen und was ich sonst habe, ich nicht imstande sein würde, das auszuführen, was mir gefällt, der würde richtig reden. Daß ich aber deshalb täte, was ich tue, und es insofern mit Vernunft täte, nicht wegen der Wahl des Besten, [b] das wäre doch eine gar große und breite Untauglichkeit der Rede, wenn sie nicht imstande wäre zu unterscheiden, daß bei einem jeden Ding etwas anderes ist die Ursache und etwas anderes jenes, ohne welches die Ursache nicht Ursache sein könnte; und eben dies scheinen mir, wie im Dunkeln tappend, die meisten mit einem ungehörigen Namen, als wäre es selbst die Ursache, zu benennen. Darum legt dann der eine einen Wirbel um die Erde und läßt sie dadurch unter dem Himmel stehen bleiben,[42] der andere stellt ihr, wie einem breiten Troge einen Fußschemel, die Luft unter.[43] [c] Daß sie aber nun so liege, wie es am besten war, sie zu legen, die Bedeutung davon suchen sie gar nicht auf und glauben auch gar nicht, daß darin eine besondere höhere Kraft liege, sondern meinen, sie hätten wohl einen Atlas aufgefunden, der stärker wäre und unsterblicher als dieser und alles besser zusammenhielte; das Gute und Richtige aber, glauben sie, könne überall gar nichts verbinden und zusammenhalten. Ich nun wäre, um zu wissen, wie es sich mit dieser Ursache verhält, gar zu gern jedermanns Schüler geworden; da es mir aber so gut nicht wurde und ich dies weder selbst zu finden noch von einem andern zu lernen vermochte, willst du, daß ich von der zweitbesten Fahrt[44] [d] wie ich sie durchgeführt habe zur Erforschung der Ursache, eine Beschreibung gebe, o Kebes? – Ganz über die Maßen, sprach er, will ich das. –

48. Es bedünkte mich nämlich nach diesem, da ich aufge-

geben, die Dinge zu betrachten, ich müsse mich hüten,
daß mir nicht begegne, was denen, welche die Sonnenfin-
sternis betrachten und anschauen, begegnet. Viele nämlich verderben sich die Augen, wenn sie nicht im Wasser
oder sonst worin [e] nur das Bild der Sonne anschauen. So
etwas merkte ich auch und befürchtete, ich möchte ganz
und gar an der Seele geblendet werden, wenn ich mit den
Augen nach den Gegenständen sähe und mit jedem Sinne
versuchte, sie zu treffen. Sondern mich dünkte, ich müsse
zu den Gedanken meine Zuflucht nehmen und in diesen
das wahre Wesen der Dinge anschauen. Doch vielleicht
ähnelt das Bild auf gewisse Weise nicht so, wie ich es
aufgestellt habe. [100a] Denn das möchte ich gar nicht
zugeben, daß, wer das Seiende in Gedanken betrachtet, es
mehr in Bildern betrachte, als wer in den Dingen. Also
dahin wendete ich mich, und indem ich jedesmal den
Gedanken zugrunde lege, den ich für den stärksten halte:
so setze ich, was mir mit diesem übereinzustimmen
scheint, als wahr, es mag nun von Ursachen die Rede sein
oder von was nur sonst, was aber nicht, als nicht wahr. Ich
will dir aber noch deutlicher sagen, wie ich es meine; denn
ich glaube, daß du es jetzt nicht verstehst. – Nein, beim
Zeus, sagte Kebes, nicht eben sonderlich. –
49. [b] Ich meine es so, fuhr er fort, gar nichts Neues,
sondern was ich schon sonst immer und so auch in der
eben durchgeführten Rede gar nicht aufgehört habe zu
sagen. Ich will also versuchen, dir den Begriff der Ursache
aufzuzeigen, womit ich mich beschäftigt habe, und
komme wiederum auf jenes Abgedroschene zurück und
fange davon an, daß ich voraussetze, es gebe ein Schönes
an und für sich, und ein Gutes und Großes und so alles
andere, woraus, wenn du mir zugibst und einräumst, daß
es sei, ich dann hoffe, dir die Ursache zu zeigen und nach-

zuweisen, daß die Seele unsterblich ist. – [c] So säume nur
ja nicht, sprach Kebes, es durchzuführen, als hätte ich dir
dies längst zugegeben. – So betrachte denn, fuhr er fort,
was daran hängt, ob dir das ebenso vorkommt wie mir.
Mir scheint nämlich, wenn irgend etwas anderes schön ist
außer jenem Schönen selbst, daß es wegen gar nichts anderem schön sei, als weil es teilhabe an jenem Schönen, und
ebenso sage ich von allem. Räumst du diese Ursache ein? –
Die räume ich ein, sprach er. – Und so verstehe ich denn
gar nicht mehr und begreife nicht jene anderen gelehrten
Gründe; sondern wenn mir jemand sagt, weswegen
irgend etwas schön ist, [d] entweder weil es eine blühende
Farbe hat oder Gestalt oder sonst etwas dieser Art, so lasse
ich das andere – denn durch alles übrige werde ich nur
verwirrt gemacht – und halte mich ganz einfach und
kunstlos und vielleicht einfältig bei mir selbst daran, daß
nichts anderes es schön macht als eben jenes Schöne,
nenne es nun Anwesenheit oder Gemeinschaft, wie nur
und woher sie auch komme, denn darüber möchte ich
nichts weiter behaupten, sondern nur, daß vermöge des
Schönen alle schönen Dinge schön werden. Denn dies
dünkt mich das allersicherste zu antworten, mir und
jedem andern; und wenn ich mich daran halte, glaube ich,
daß ich gewiß niemals fallen werde, [e] sondern daß es mir
und jedem andern sicher ist zu antworten, daß vermöge
des Schönen die schönen Dinge schön sind. Oder dünkt
dich das nicht auch? – Das dünkt mich. – Also auch vermöge der Größe das Große groß und das Größere größer,
und vermöge der Kleinheit das Kleinere kleiner? – Ja. –
Also du würdest es auch nicht annehmen, wenn jemand
von einem sagen wollte, er sei größer als ein anderer vermöge des Kopfes, und der Kleinere vermöge desselben
auch kleiner, [101a] sondern würdest darauf beharren, daß

du gar nichts anderes meinst, als daß alles Größere als ein
anderes nur vermöge der Größe größer ist und wegen
sonst nichts, und eben um deswillen, um der Größe willen, und das Kleinere vermöge sonst nichts kleiner als der
Kleinheit, und eben um deswillen kleiner, um der Kleinheit willen. Und das aus Furcht, glaube ich, daß dir nicht
eine andere Rede entgegentrete, wenn du sagtest, einer sei
des Kopfes wegen größer und kleiner, zuerst nämlich, daß
wegen des nämlichen das Größere größer sei und das Kleinere kleiner, und dann, daß des Kopfes wegen, der doch
selbst klein ist, das Größere größer sei, [b] und daß das
doch ein Wunder sei, daß wegen etwas Kleinem einer groß
sein soll. Oder würdest du das nicht fürchten? – Da lachte
Kebes und sagte: Freilich wohl. – Also, fuhr er fort, daß
zehn um zwei mehr ist als acht und um dieser Ursache
willen es übertreffe, der zwei wegen, und nicht der Vielheit wegen und durch die Vielheit, das würdest du dich
fürchten zu sagen. So auch, daß das Zweifüßige größer
wäre als das Einfüßige vermöge der Hälfte, und nicht vermöge der Größe? Denn dabei ist doch dieselbe Besorgnis.
– Allerdings, antwortete er. – Und wie, wenn eines zu
einem hinzugesetzt worden, daß dann die Hinzufügung
Ursache sei, daß zwei geworden sind, [c] und wenn eines
gespalten worden, dann die Spaltung, würdest du dich
nicht scheuen, das zu sagen, und vielleicht laut erklären,
du wüßtest nicht, daß irgendwie anders jegliches werde,
als indem es teilnähme an dem eigentümlichen Wesen
eines jeglichen, woran es teilhat, und so fändest du gar
keine andere Ursache des Zweigewordenseins als eben die
Teilnehmung an der Zweiheit, an welcher alles teilnehmen
müsse, was zwei sein solle, so wie an der Einheit, was eins
sein solle? Die Spaltungen aber und Hinzufügungen und
andere solche Herrlichkeiten, würdest du die nicht liegen-

lassen und andern anheimstellen, damit zu antworten, die gelehrter sind als du? Du selbst aber würdest aus Furcht, wie man sagt, [d] vor deinem eigenen Schatten und deiner Ungeschicktheit, an jener sicheren Voraussetzung dich haltend, immer so antworten. Wenn sich aber einer an die Voraussetzung selbst hielte, würdest du den nicht gehen lassen und nicht eher antworten, bis du, was von ihr abgeleitet wird, betrachtet hättest, ob es miteinander stimmt oder nicht stimmt? Und solltest du dann von jener selbst Rechenschaft geben, würdest du sie nicht auf die gleiche Weise geben, nämlich eine andere Voraussetzung wieder voraussetzend, welche dir eben von den höherliegenden die beste dünkt, [e] bis du auf etwas Befriedigendes kämest, nicht aber untereinander mischend wie die Streitkünstler[45], bald von dem ersten Grunde reden und bald von dem daraus abgeleiteten, wenn du nämlich irgend etwas, wie es wirklich ist, finden wolltest. Denn jene freilich haben hieran vielleicht gar keinen Gedanken und keine Sorgen, sondern sind imstande, wenn sie auch in ihrer Weisheit alles durcheinanderrühren, doch noch sich selbst zu gefallen. Gehörst du aber zu den Philosophen: dann, denke ich, [102a] wirst du es so machen, wie ich sage. – Ganz vollkommen wahr redest du, sagten Simmias und Kebes zugleich.

Echekrates. Beim Zeus, o Phaidon, mit Recht. Denn gar wunderbar einleuchtend scheint mir der Mann dieses gesagt zu haben für jeden, der auch nur ein wenig Vernunft hat.

Phaidon. Allerdings, o Echekrates, und so schien es auch allen Anwesenden.

Echekrates. Und auch uns, den Abwesenden, die es jetzt hören.

50. Aber was war es nun, was hiernächst gesagt wurde?

Phaidon. Wie ich glaube, nachdem ihm dieses eingeräumt
[b] und zugestanden war, daß jeglicher Begriff etwas sei an
sich und durch Teilnahme an ihnen die anderen Dinge den
Beinamen von ihnen erhalten, so fragte er hierauf: Wenn
du nun dieses so annimmst, mußt du dann nicht, wenn du
behauptest, Simmias sei größer als Sokrates, aber kleiner
als Phaidon, sagen, daß in dem Simmias beides sei, Größe
und Kleinheit? – Freilich. – Und so gestehst du doch, daß
Simmias den Sokrates überragt, damit verhalte es sich
nicht in der Tat so, wie es buchstäblich ausgedrückt wird.
[c] Denn es ist nicht des Simmias Natur, schon dadurch,
daß er Simmias ist, zu überragen, sondern durch die
Größe, die er zufällig hat; auch nicht den Sokrates zu
überragen deshalb, weil Sokrates Sokrates ist, sondern
nur, weil Sokrates Kleinheit hat in bezug auf die Größe
jenes. – Richtig. – Auch nicht vom Phaidon überragt zu
werden deshalb, weil Phaidon Phaidon ist, sondern weil
er Größe hat im Vergleich mit des Simmias Kleinheit. – So
ist es. – So hat also Simmias den Beinamen, klein zu sein
und groß, selbst in der Mitte stehend zwischen beiden,
indem er der Größe des einen seine Kleinheit zum Über-
treffen hinhält, [d] dem anderen aber seine Größe dar-
reicht, welche die Kleinheit jenes übertrifft. Dabei lächelte er und sagte: Ich werde wohl noch gar wie ein
Gerichtsschreiber so genau reden; aber es verhält sich
denn doch, wie ich sage. – Jener stimmte bei. – Ich sage
dies aber, weil ich möchte, du wärest derselben Meinung
wie ich. Denn mir leuchtet ein, daß nicht nur die Größe
selbst niemals zugleich groß und klein sein will, sondern
daß auch die Größe in uns niemals das Kleine aufnimmt
oder übertroffen werden will, sondern eines von beiden,
daß sie entweder flieht und aus dem Wege geht, wenn ihr
Gegenteil, das Kleine, sich nähert [e] oder, wenn es da ist,

untergeht, niemals aber bleibend und die Kleinheit aufnehmend etwas anderes sein will, als sie war; so wie ich
allerdings aushaltend und die Kleinheit aufnehmend derselbe bin, der ich war, und nur eben als dieser selbe klein
bin. Jene aber hat nicht das Herz, indem sie groß ist, auch
klein zu sein. So auch das Kleine in uns will niemals groß
werden oder sein; noch auch sonst eins von zwei Entgegengesetzten will, dasselbe bleibend, was es war, zugleich
auch sein Gegenteil werden oder sein; [103a] sondern entweder geht es davon, oder es geht unter, wenn ihm dies
begegnet. – Auf alle Weise, sprach Kebes, leuchtet mir das
auch ein. –

51. Da sagte einer von den Anwesenden – wer es aber war,
erinnere ich mich nicht mehr genau –: Bei den Göttern,
war uns nicht in unsern vorigen Reden[46] gerade das
Gegenteil von dem, was jetzt gesagt wird, herausgekom-
men, daß nämlich aus dem Kleineren das Größere werde
und aus dem Größeren das Kleinere und daß gerade dies
die Art sei, wie Entgegengesetztes wird aus Entgegenge-
setztem? Nun aber scheint mir gesagt zu werden, daß das
gar nicht möglich ist. – Sokrates hatte sich hingeneigt und
zugehört und sagte: [b] Das hast du wacker erinnert, nur
bemerkst du nicht den Unterschied zwischen dem jetzt
Gesagten und dem damaligen. Damals nämlich wurde
gesagt, aus dem entgegengesetzten Dinge werde das entgegengesetzte Ding: jetzt aber, daß das Entgegengesetzte
selbst sein Entgegengesetztes niemals werden will, weder
das in uns noch das in der Natur. Damals nämlich, o
Freund, redeten wir von den Dingen, die das Entgegengesetzte an sich haben, und benannten sie mit den Namen
von jenen, jetzt aber von jenen selbst, durch deren Ein-
wohnung die so genannten Dinge ihre Benennung erhalten. [c] Und von diesen selbst behaupten wir doch wohl

nicht, daß sie einen Übergang ineinander zulassen. Zugleich sah er den Kebes an und fragte: Hat auch dich vielleicht, o Kebes, irregemacht, was dieser sagte? – Nein, sagte Kebes, so steht es nicht mit mir; wiewohl ich nicht sagen will, daß nicht vieles mich irremacht. – Darüber also sind wir eins geworden, fuhr Sokrates fort, ganz unbedingt, daß das Entgegengesetzte niemals sein Entgegengesetztes sein wird. – Auf alle Weise. –

52. So betrachte denn auch noch dieses, ob du auch darüber mit mir einig sein wirst. Du nennst doch etwas warm und kalt? – Das tue ich. – Etwa dasselbe, was auch Schnee und Feuer? – [d] Nein, beim Zeus, ich nicht. – Sondern etwas anderes als das Feuer ist das Warme, und etwas anderes als der Schnee das Kalte? – Ja. – Aber das, denke ich, glaubst du doch, daß niemals der Schnee als Schnee das Warme aufnehmen und, wie wir im vorigen sagten,[47] noch sein wird, was er war, Schnee und zugleich warm; sondern wenn das Warme sich nähert, wird er ihm entweder aus dem Wege gehen oder verschwinden. – Freilich. – Und so das Feuer wiederum, wenn ihm das Kalte naht, wird entweder darunter weggehen oder verschwinden, nie aber das Herz haben, die Kälte aufzunehmen und noch sein zu wollen, was es war, Feuer und kalt. – [e] Wohl gesprochen, sagte er. – Diese Bewandtnis also, fuhr er fort, hat es mit einigen Dingen, daß nicht nur der Begriff selbst sich seinen Namen aneignen will für alle Zeit, sondern auch noch etwas anderes, welches zwar nicht er selbst ist, aber doch immer seine Gestalt an sich trägt, solange es ist. Vielleicht wird hieran noch deutlicher werden, was ich meine. Das Ungerade muß doch immer diesen Namen bekommen, den wir jetzt genannt haben; oder nicht? – Allerdings. – Aber dieses allein, denn danach frage ich, oder auch noch etwas anderes, [104a] welches zwar nicht das Ungerade selbst ist, aber was man doch immer auch mit dem Namen desselben nennen muß, weil es so geartet ist, daß es das Ungerade nie kann fahrenlassen? Ich meine damit das, was auch der Dreiheit begegnet und noch vielem anderen. Denn überlege dir nur wegen der Drei, glaubst du nicht, daß sie immer sowohl mit ihrem Namen genannt werden muß als auch mit dem des Ungeraden, ungeachtet dieses nicht dasselbe ist wie die Dreiheit; aber dennoch ist dies die natürliche Beschaffenheit der Drei und der Fünf und überhaupt der einen ganzen Hälfte der Zahl, daß [b] ungeachtet sie nicht dasselbe ist wie das Ungerade, doch jede von ihnen ungerade ist. Und wiederum die Zwei und die Vier und die andere Reihe der Zahlen ist nicht dasselbe wie das Gerade, aber doch ist jede von ihnen immer gerade. Gibst du das zu oder nicht? – Wie sollte ich nicht, sprach er. – So siehe nun zu, was ich eigentlich deutlich machen will. Es ist nämlich dieses, daß nicht nur jenes Entgegengesetzte selbst einander nicht annimmt; sondern auch alles das, was einander eigentlich nicht entgegengesetzt ist, doch aber das Entgegengesetzte immer in sich hat, auch dieses scheint jene Idee nicht annehmen zu wollen, die der in ihm wohnenden entgegengesetzt ist, sondern, wenn sie kommt, entweder unterzugehen oder sich davonzumachen. [c] Oder wollen wir nicht sagen, die Drei werde eher untergehen und sich alles andere gefallen lassen als aushalten, Drei zu sein und zugleich gerade zu werden? – Allerdings, sagte Kebes. – Nun ist doch die Zwei der Drei nicht entgegengesetzt. – Freilich nicht. – Also nicht nur die entgegengesetzten Begriffe lassen einander nicht zu, sondern auch noch einiges andere läßt das Entgegengesetzte nicht an sich kommen. – Vollkommen richtig, sprach er, redest du. –

53. Sollen wir nun, fuhr jener fort, wenn wir es können, bestimmen, welcherlei diese sind? – Wohl. – [d] Werden es nun nicht diejenigen sein, o Kebes, welche dasjenige, wovon sie Besitz nehmen, nicht nur nötigen, ihre eigene Idee immer festzuhalten, sondern auch immer die eines gewissen Entgegengesetzten? – Wie meinst du das? – Wie wir eben sagten. Denn du weißt doch, alles, wovon die Idee der Dreiheit Besitz nimmt, ist notwendig nicht nur Drei, sondern auch ungerade? – Freilich. – Zu einem solchen nun, sagen wir, kann die Idee, welche der Form entgegengesetzt ist, die dies bewirkt, niemals kommen? – Freilich nicht. – Bewirkt hat dies aber die Form des Ungeraden. – Ja. – Und entgegengesetzt dieser ist die des Geraden? – Ja. – [e] Also kann zu Dreiseiendem niemals die Form des Geraden kommen. – Offenbar nicht. – Ohne allen Anteil an dem Geraden ist also das Dreiseiende? – Ohne Anteil. – Also ist die Drei ungerade? – Ja. – Was ich also bestimmen wollte, welche Dinge nämlich, ohne einem Gewissen entgegengesetzt zu sein, doch dessen Gegenteil nicht annehmen – wie jetzt die Drei dem Geraden nicht entgegengesetzt ist, es aber demungeachtet doch nicht aufnimmt; denn immer bringt sein Gegenteil mit sowohl die Zwei dem Ungeraden wie [105a] das Feuer dem Kalten, und vieles andere –, dieses nun siehe zu, ob du es wohl so bestimmst, daß nicht nur ein Entgegengesetztes das andere nicht aufnimmt, sondern auch, wenn etwas allem, woran es sich macht, den einen Gegensatz zubringt, so kann eben dieses Zubringende den Gegensatz des Zugebrachten niemals annehmen. Rufe es dir nur noch einmal zurück, denn es ist nicht übel, es oft zu hören. Die Fünf wird nie die Form des Geraden annehmen, noch die Zehn die des Ungeraden als das Zwiefache. Auch dieses selbst ist einem andern entgegengesetzt, aber

dennoch nimmt es die Form des Ungeraden nicht an.
[b] Ebensowenig das Anderthalbe und alles dergleichen als
Halbes die des Ganzen, oder das Dritteil und alles dergleichen, wenn du folgst und einstimmst. – Gar sehr, sprach
er, stimme ich ein und folge auch. –

54. So sage es mir denn, sprach er, noch einmal von
Anfang an. Und antworte mir nicht gerade das, was ich
frage, sondern mich nachahmend ein anderes. Ich sage das
nämlich, weil ich außer jener vorher gegebenen sicheren
Antwort vermittels des jetzt Gesagten noch eine andere
Sicherheit absehe. Denn wenn du mich fragtest: Wem
was doch in dem Leibe einwohnt, wird warm sein?, so
würde ich dir nicht jene einfältige sichere Antwort geben,
[c] wem Wärme; sondern eine feinere vermöge des jetzt
Gesagten, nämlich wem Feuer. Noch auch wenn du fragtest, welchem Leibe was doch einwohnt, der wird krank
sein, werde ich sprechen, welchem Krankheit, sondern
welchem Fieber. Noch auch, wenn was doch einer Zahl
einwohnt, wird sie ungerade sein, werde ich antworten,
wenn Ungeradheit, sondern wenn Einheit, und so überall. Siehe nun zu, ob du schon zur Genüge verstehst, was
ich will. – Vollkommen zur Genüge, sagte er. – Antworte
also, sprach er, wenn was doch dem Leibe einwohnt, wird
er lebend sein? – Wenn Seele, antwortete er. – [d] Und
verhält sich dies auch immer so? – Wie sollte es nicht, sagte
er. – Die Seele also, wessen sie sich bemächtigt, zu dem
kommt sie immer Leben mitbringend? – Das tut sie freilich. – Ist nun wohl etwas dem Leben entgegengesetzt
oder nichts? – Es ist. – Und was? – Der Tod. – Also wird
wohl die Seele das Gegenteil dessen, was sie immer mit-
bringt, nie annehmen, wie wir aus dem vorigen festgesetzt
haben. – Und gar sehr festgesetzt. –

55. Wie nun? Was die Idee des Geraden nie aufnimmt,

wie nannten wir das eben? – Ungerade. – Und was das
Gerechte nie annimmt und das Künstlerische nie annimmt? – [e] Unkünstlerisch, sprach er, und jenes unge-
recht. – Wohl. Und was den Tod nie annimmt, wie nennen wir das? – Unsterblich, sagte er. – Und die Seele
nimmt doch den Tod nie an? – Nein. – Unsterblich also ist
die Seele? – Unsterblich. – Wohl, sprach er. Wollen wir
also sagen, dies sei erwiesen, oder wie dünkt dich? – Und
zwar ganz vollständig, o Sokrates. – Wie nun, sprach er, o
Kebes; wenn das Ungerade notwendig unvergänglich
wäre, [106a] würde dann die Drei nicht auch unvergänglich
sein? – Wie sollte sie nicht? – Und nicht wahr, wenn auch
das Unwarme notwendig unvergänglich wäre, so müßte,
wenn jemand an den Schnee Wärme brächte, der Schnee
sich davonmachen, aber wohlbehalten und ungeschmol-
zen? Denn vergehen könnte er ja nicht, aber auch nicht
bleiben und die Wärme aufnehmen. – Wohl gesprochen,
sagte er. – Und ebenso, denke ich, wenn das Unkalte
unvergänglich wäre und jemand an das Feuer Kaltes
brächte, so würde es nicht verlöschen und auch nicht vergehen, sondern nur wohlbehalten sich entfernen. – Notwendig. – [b] Muß man nun nicht ebenso auch von dem
Unsterblichen sagen, daß, wenn das Unsterbliche auch
unvergänglich ist, die Seele unmöglich, wenn der Tod an
sie kommt, untergehen kann. Denn den Tod, vermöge des
Vorhergesagten, kann sie nicht annehmen und gestorben
sein, wie die Drei niemals gerade sein kann, ebensowenig
wie das Ungerade selbst, noch auch das Feuer kalt,
ebensowenig wie die Wärme in dem Feuer. Aber was hindert, könnte jemand sagen, daß das Ungerade zwar niemals gerade wird, wenn das Gerade ihm ankommt, wie
auch eingestanden ist, [c] aber wohl, daß es umkommt und
statt seiner uns ein Gerades entsteht? Wer nun das sagte,

dem könnten wir nicht abstreiten, daß es umkomme. Denn das Ungerade ist nicht unvergänglich. Wenn aber dies erst eingestanden wäre, dann könnten wir leicht durchfechten, daß, wenn das Gerade kommt, das Ungerade und die Drei nur davongehen, und vom Feuer und dem Warmen und allem andern würden wir es ebenso durchfechten. Oder nicht? – Gewiß. – Nicht so auch jetzt von dem Unsterblichen, wenn uns nur erst eingestanden wäre, daß es zugleich auch unvergänglich ist, dann wäre uns die Seele außer dem, daß sie unsterblich ist, auch unvergänglich; [d] wo aber nicht, so müßte man es anders anfangen. – Dessen bedarf es nun wohl nicht, sprach er, was dies betrifft. Denn gute Wege hätte es, daß irgend etwas sich dem Untergang entziehen könnte, wenn auch das Unsterbliche und immer Seiende den Untergang annähme. –

56. Gott wenigstens, sprach Sokrates, und die Idee des Lebens selbst wird wohl, wenn überhaupt etwas unsterblich ist, von jedem eingestanden werden, daß es niemals untergehe. – Beim Zeus, sagte er, von jedem Menschen ja schon, und noch mehr, denke ich, von den Göttern. – [e] Wenn also das Unsterbliche auch unvergänglich ist, wäre dann nicht die Seele, wenn sie doch unsterblich ist, zugleich auch unvergänglich? – Ganz notwendig. – Tritt also der Tod den Menschen an: so stirbt, wie es scheint, das Sterbliche an ihm, das Unsterbliche aber und Unvergängliche zieht wohlbehalten ab, dem Tode aus dem Wege. – Das leuchtet ein. – Ganz sicher also, o Kebes, ist die Seele unsterblich und unvergänglich, [107a] und in Wahrheit werden unsere Seelen sein in der Unterwelt. – Ich wenigstens, o Sokrates, sagte er, vermag weder etwas anderes hiergegen vorzubringen noch deinen Reden den Glauben zu versagen; weiß aber unser Simmias oder sonst ein anderer etwas, so wird es wohlgetan sein, es nicht zu verschweigen. Denn ich wüßte nicht, auf welche andere Gelegenheit als die jetzt noch vorhandene es jemand verschieben könnte, der etwas über diese Gegenstände sagen oder hören will. – Allerdings, sagte Simmias, weiß auch ich nicht, wie ich nicht beistimmen soll, dem Gesagten zufolge; jedoch wegen der Größe der Gegenstände, worauf die Reden sich beziehen, [b] und weil ich von der menschlichen Schwachheit wenig halte, bin ich gedrungen, bei mir selbst noch einen Unglauben zu behalten über das Gesagte. – Nicht nur das, o Simmias, sagte Sokrates, sondern wie du hierin ganz recht gesprochen hast, müßt ihr auch unsere ersten Voraussetzungen, wenn sie euch auch zuverlässig sind, doch noch genauer in Erwägung ziehen; und wenn ihr sie euch befriedigend auseinandergesetzt habt, dann, denke ich, werdet ihr auch der Rede folgen, soweit nur irgendein Mensch sie verfolgen kann. Und wenn eben dieses gewiß geworden ist, dann werdet ihr nichts weiter suchen. – Vollkommen richtig. –

57. [c] Und so ist denn dieses, ihr Männer, wohl wert bemerkt zu werden, daß, wenn die Seele unsterblich ist, sie auch der Sorgfalt bedarf nicht für diese Zeit allein, welche wir das Leben nennen, sondern für die ganze Zeit, und das Wagnis zeigt sich nun eben erst recht furchtbar, wenn jemand sie vernachlässigen wollte. Denn wenn der Tod eine Erledigung von allem wäre: so wäre es ein Fund für die Schlechten, wenn sie sterben, ihren Leib loszuwerden, aber auch ihre Schlechtigkeit mit der Seele zugleich. Nun aber diese sich als unsterblich zeigt, kann es ja für sie keine andere Sicherheit vor dem Übel geben [d] und kein Heil als nur, wenn sie so gut und vernünftig geworden ist als möglich. Denn nichts anderes kann sie doch mit sich haben, wenn sie in die Unterwelt kommt, als nur ihre

Bildung und Nahrung, die ihr ja auch, wie man sagt,
sowie sie gestorben ist, den größten Nutzen oder Schaden
bringt, gleich am Anfang der Wanderung dorthin. Denn
man sagt ja, daß jeden Gestorbenen sein Dämon, der ihn
schon lebend zu besorgen hatte, dieser ihn auch dann an
einen Ort zu führen sucht, von wo aus mehrere zusammen, nachdem sie gerichtet sind, in die Unterwelt gehen
[e] mit jenem Führer, dem es aufgetragen ist, die von hier
dorthin zu führen. Nachdem ihnen dann dort geworden
ist, was ihnen gebührt, und sie die gehörige Zeit dageblie-
ben, bringt ein anderer Führer sie wieder von dort hierher
zurück nach vielen und großen Zeitabschnitten. Und
diese Reise ist wohl nicht so, wie der Telephos des Aischylos sie beschreibt.[48] Denn jener sagt, [108a] es führe nur ein
einfacher Fußsteig in die Unterwelt; ich aber glaube, daß
es weder einer ist noch ein einfacher. Sonst würde es ja
keines Führers bedürfen, denn nirgendshin kann man ja
fehlen, wo nur ein Weg geht. Nun aber mag er sich wohl
oftmals teilen und winden. Dies schließe ich aus dem, was
bei uns als heilige Feier eingeführt und gebräuchlich ist.[49]
Die sittsame und vernünftige Seele nun folgt und verkennt
nicht, was ihr widerfährt; die aber begehrlich an dem
Leibe sich hält, wie ich auch vorher sagte,[50] drängt sich
lange Zeit immer um ihn herum [b] und um den sichtbaren
Ort, und nach vielem Sträuben und vielen Versuchen wird
sie endlich mit Mühe und gewaltsam von dem angeordne-
ten Dämon abgeführt. Sie nun, die dahin kommt, wo auch
die andern sich befinden, die unreine und die etwas dergleichen verübt hat, habe sie sich nun mit ungerechtem
Morde befaßt oder anderes dergleichen begangen, was
dem verschwistert und verschwisterter Seelen Werk ist,
diese meidet jeder und weicht ihr aus und will weder ihr
Reisegefährte noch ihr Führer werden; sie aber [c] irrt in

gänzlicher Unsicherheit befangen, bis gewisse Zeiten um
sind, nach deren Verlauf die Notwendigkeit sie in die ihr
angemessene Wohnung bringt. Die aber rein und mäßig
ihr Leben verbracht und Götter zu Reisegefährten und
Führern bekommen hat, bewohnt jede den ihr gebühren-
den Ort.

58. Es hat aber die Erde viele und wunderbare Orte und ist
weder an Größe noch Beschaffenheit so, wie von denen,
die über die Erde zu reden pflegen,[51] geglaubt wird, nach
dem, was mir einer glaublich gemacht hat.[52] – [d] Darauf
sagte Simmias: Wie meinst du das, o Sokrates? Denn über
die Erde habe auch ich schon vielerlei gehört, aber wohl
nicht das, was dich befriedigt; darum möchte ich es gern
hören. – Das ist ja wohl keine große Kunst, o Simmias,
sagte er, zu erzählen, was das ist; aber freilich, daß es so
wahr ist, das möchte wieder schwerer sein als schwer; und
teils möchte ich es vielleicht nicht können, teils auch,
wenn ich es verstände, möchte doch mein Leben wenigstens, o Simmias, für die Größe der Sache nicht mehr
hinreichen. Doch die Gestalt der Erde, wie ich belehrt bin
daß sie sei, [e] und ihre verschiedenen Orte hindert mich
nichts zu beschreiben. – Auch das, sprach Simmias, soll
uns genug sein. – Zuerst also bin ich belehrt worden, daß,
wenn sie als runde inmitten des Himmels steht, sie weder
Luft brauche, um nicht zu fallen, [109a] noch irgendeinen
andern solchen Grund, sondern, um sie zu halten, sei
hinreichend die durchgängige Einerleiheit des Himmels
und das Gleichgewicht der Erde selbst. Denn ein im
Gleichgewicht befindliches Ding in die Mitte eines anderen solchen gesetzt wird keinen Grund haben, sich
irgendwohin mehr oder weniger zu neigen, und daher, auf
gleiche Weise zu allem sich verhaltend, wird es ohne Nei-
gung bleiben. Dieses, sagte er, habe ich zuerst angenom-

men. – Und sehr mit Recht, sprach Simmias. – Dann auch,
daß sie sehr groß sei und daß wir, die vom Phasis [b] bis an
die Säulen des Herakles reichen, nur an einem sehr kleinen
Teile, wie Ameisen oder Frösche um einen Sumpf, so wir
um das Meer herum wohnen, viele andere aber anderwärts
an vielen solchen Orten. Denn es gebe überall um die Erde
her viele Höhlungen und mannigfaltige von Gestalt und
Größe, in welchen Wasser und Nebel und Luft zusam-
mengeflossen sind; die Erde selbst aber liege rein in dem
reinen Himmel, an welchem auch die Sterne sind und den
die meisten, [c] welche über dergleichem zu reden pflegen,
Äther nennen, dessen Bodensatz nun eben dieses ist und
immer in den Höhlungen der Erde zusammenfließt. Wir
nun merkten es nicht, daß wir nur in diesen Höhlungen
der Erde wohnten, und glaubten, oben auf der Erde zu
wohnen, wie wenn ein mitten im Grunde der See Woh-
nender glaubte, oben an dem Meere zu wohnen, und, weil
er durch das Wasser die Sonne und die andern Sterne sähe,
das Meer für den Himmel hielte, aus Trägheit aber [d] und
Schwachheit niemals bis an den Saum des Meeres gekommen wäre, noch über das Meer aufgetaucht und hervorge-
krochen, um diesen Ort zu schauen, wieviel reiner und
schöner er ist als der bei ihm, noch auch von einem
andern, der ihn gesehen, dies gehört hätte; geradeso
erginge es auch uns. Denn wir wohnten in irgendeiner
Höhlung der Erde und glaubten, oben darauf zu wohnen,
und nennten die Luft Himmel, als ob diese der Himmel
wäre, durch welchen die Sterne wandeln. Damit aber sei
es gerade so, [e] daß wir aus Trägheit und Schwachheit
nicht vermöchten hervorzukommen bis an den äußersten
Saum der Luft. Denn wenn jemand zur Grenze der Luft
gelangte oder Flügel bekäme und hinaufflöge: so würde er
dann hervortauchen und sehen, wie hier die Fische, wenn

sie einmal aus dem Meer herauftauchen, was hier ist,
sehen, so würde dann ein solcher auch das Dortige sehen,
und wenn seine Natur die Betrachtung auszuhalten vermöchte, dann erkennen, daß jenes der wahre Himmel ist
und das wahre Licht und die wahre Erde. [110a] Denn die
Erde hier bei uns und die Steine und der ganze Ort hier ist
zerfressen und verwittert, wie, was im Meere liegt, vom
Salz angefressen ist und nichts der Rede Wertes im Meere
wächst, noch es irgend etwas Vollkommenes darin gibt,
sondern nur Klüfte und Sand und unendlichen Kot und
Schlamm, wo es noch Erde gibt, und nichts, was irgend
mit unsern Schönheiten könnte verglichen werden; jenes
aber würde wiederum noch weit vorzüglicher sich zeigen
vor dem unsrigen. [b] Und darf man wohl eine schöne
Erzählung vorbringen, Simmias, so lohnt es wohl zu
hören, wie das auf der Erde unter dem Himmel beschaffen
ist. – Gewiß, sprach Simmias, werden wir diese Erzählung
gern hören, o Sokrates. –
59. Man sagt also zuerst, o Freund, diese Erde sei so anzusehen, wenn sie jemand von oben herab betrachtete, wie
die zwölfteiligen ledernen Bälle, in so bunte Farben
geteilt, von denen unsere Farben hier gleichsam Proben
sind, alle die, deren sich die Maler bedienen. [c] Dort aber
bestehe die ganze Erde aus solchen und noch weit glän-
zenderen und reineren als diese. Denn ein Teil sei purpur-
rot und wunderbar schön, ein anderer goldfarbig, ein
anderer weiß, aber viel weißer als Alabaster oder Schnee,
und ebenso aus jeder anderen Farbe bestehe einer, und aus
noch mehreren und schöneren, als wir gesehen haben.
Denn selbst diese Höhlungen der Erde, welche mit Wasser und Luft angefüllt sind, [d] bilden eine eigne Art von
Farbe, welche in der Vermischung aller anderen Farben
glänzt, so daß sie ganz und gar als ein ununterbrochenes

Bunt erscheint. Auf dieser nun, die so beschaffen ist, wachsen verhältnismäßig ebensolche Gewächse, Bäume, Blumen und Früchte. Ebenso haben auch die Gebirge und die Steine nach demselben Verhältnis ihre Vollendung und Durchsichtigkeit und schönere Farben, von denen aber auch unsere so sehr gesuchten Steinchen hier Teile sind, die Karneole und Jaspisse und Smaragden und alle dergleichen; [e] dort aber sei nichts, was nicht so wäre und noch schöner als diese. Die Ursache hiervon aber sei, daß jene Steine rein sind und nicht angefressen noch verwittert wie die hiesigen von Fäulnis und Salzwasser, von dem, was hier zusammenfließt und Steinen und Erden und allen Gewächsen und Tieren Entstellungen und Krankheiten verursacht. Die Erde also sei mit all diesem geschmückt, und außerdem noch mit Gold und Silber und dem übrigen der Art, [111a] welches glänzend dort zu finden sei und in großer Menge wachse und überall auf der Erde, so daß sie zu schauen ein beseligendes Schauspiel sei. Tiere aber gebe es auf ihr vielerlei und auch Menschen, welche teils mitten im Lande wohnen, teils so um die Luft herum wie wir um das Meer, teils auch auf luftumflossenen Inseln um das feste Land her.[53] Und mit einem Worte, was uns Wasser und Meer ist für unsere Bedürfnisse, das sei jenen dort die Luft, [b] und was uns die Luft, das jenen der Äther. Und die Witterung habe eine solche Mischung bei ihnen, daß sie ohne Krankheit wären und weit längere Zeit lebten als die hiesigen, und ihr Gesicht, ihr Gehör und ihre Einsicht, und was sonst dahin gehört, ständen von dem unsrigen in demselben Maße ab, wie die Luft vom Wasser absteht und der Äther von der Luft in Hinsicht auf Reinheit. Auch hätten sie weiter Tempel und Heiligtümer für die Götter, in denen aber die Götter wahrhaft wohnen, und Stimmen, Weissagungen und Erscheinungen der Götter, und sol-

cherart sei ihr Verkehr mit ihnen, von Angesicht zu Angesicht; [c] und Sonne, Mond und Sterne sähen sie, wie sie
wirklich sind, und dem sei auch ihre übrige Glückseligkeit
gemäß.

60. So demnach sei die ganze Erde geartet und was sie
umgibt; rund umher auf ihr aber gebe es nach Maßgabe
ihrer Höhlung viele Orte, einige tiefer und weiter geöffnet
als der, in welchem wir wohnen, andere wiederum tiefer,
aber mit einer engeren Öffnung, als die unser Ort hat;
[d] und welche sind wohl auch flacher und dabei doch
breiter als der hiesige. Alle diese nun wären unter der Erde
gegeneinander durchgebohrt, enger und weiter, so daß sie
Durchgänge haben unter sich, durch welche dann vieles
Wasser aus einem in den andern fließt, wie in Becher, und
daß es unversiegliche Ströme von unübersehbarer Größe
unter der Erde gebe von warmen Wassern und kalten, und
vieles Feuer und große Ströme von Feuer, viele auch von
feuchtem Schlamm, teils reinerem, teils schmutzigerem,
[e] wie in Sizilien die vor dem Feuerstrome sich ergießen-
den Ströme von Schlamm und der Feuerstrom selbst, von
denen dann alle Örter erfüllt werden, je nachdem jedesmal
jeder seinen Umlauf nimmt. Und dieses alles bewege hinauf und hinunter gleichsam eine in der Erde befindliche
Schaukel; diese Schaukel aber bestehe durch folgende Ein-
richtung ungefähr. Einer nämlich von diesen Erdspalten
ist auch sonst [112a] der größte und quer durch die ganze
Erde gebohrt. Dieser ist nun, wie Homeros davon singt,
»Ferne, wo tief sich öffnet der Abgrund unter der
Erde«,[54] derselbe, den anderwärts[55] er und auch sonst
viele andere Dichter[56] den Tartaros genannt haben. In
diesen Spalt nun strömen alle diese Flüsse zusammen und
strömen auch wieder von ihm aus; und alle werden so wie
der Boden, durch welchen sie strömen. Die Ursache aber,

[b] warum alle Ströme von hier ausfließen und auch wieder hinein, ist, daß diese Flüssigkeit keinen Boden hat und keinen Grund. Daher schwebt sie und wogt immer auf und ab, und die Luft und der Hauch um sie her tut dasselbe. Denn dieser begleitet sie, sowohl wenn sie in die jenseitigen Gegenden der Erde strömt, als wenn in die diesseitigen. Und so wie der Hauch der Atmenden in beständiger Bewegung immer einströmt und ausströmt: so auch dort bildet der mit der Flüssigkeit wogende Hauch heftige und gewaltige Winde sowohl im Hineingehen als im Herausgehen. [c] Wenn nun strömend das Wasser nach der Gegend hin ausweicht, welche unten genannt wird: so fließt es in das Gebiet der dortigen Ströme und füllt es an wie beim Pumpen. Wenn es aber von dort wiederum sich wegzieht und hierher strömt, so erfüllt es dann die hiesigen. Diese, wenn sie erfüllt sind, strömen durch die Kanäle und durch die Erde; und wenn sie jeder in die Gegenden kommen, wohin sie jedesmal geleitet werden, so bilden sie Meere und Seen und Flüsse und Quellen. Von da tauchen sie nun wieder unter die Erde und, [d] teils längere und mehrere Gegenden durchziehend, teils wenigere und kürzere, ergießen sie sich alle wieder in den Tartaros, einige viel weiter unten, als wo sie ausgepumpt wurden, andere nicht soviel, aber unterhalb ihres Ausflusses fließen sie alle ein; und einige strömen wieder ein gerade gegenüber der Stelle, wo sie ausgeflossen sind, andere auf der nämlichen Seite. Ja es gibt auch welche, die im Kreise herumziehen, ein oder mehrere Male sich um die Erde winden wie Schlangen und dann, möglichst tief gesenkt, sich wieder hineinergießen. [e] Möglich ist aber von beiden Seiten nur, sich bis zur Mitte herabzusenken, weiter nicht. Denn für beiderlei Ströme geht das jenseitige wiederum aufwärts.

61. So gibt es nun gar viele andere große und verschieden-
artige Ströme, unter diesen vielen aber gibt es vorzüglich
vier, von denen der größte und der am äußersten rund
herum fließende der sogenannte Okeanos ist; diesem
gegenüber und in entgegengesetzte Richtung fließend ist
der Acheron, welcher durch viele andere wüste Gegenden
fließt, [113a] vorzüglich aber auch unter der Erde fortflie-
ßend in den Acherusischen See kommt, wohin auch der
meisten Verstorbenen Seelen gelangen, und nachdem sie
gewisse bestimmte Zeiten dort geblieben, einige länger,
andere kürzer, dann wieder ausgesendet werden zu den
Erzeugungen der Lebendigen. Der dritte Fluß strömt aus
zwischen diesen beiden und ergießt sich unweit seiner
Quelle in eine weite, mit einem gewaltigen Feuer bren-
nende Gegend, wo er einen See bildet, größer als unser
Meer und siedend von Wasser und Schlamm. Von hier aus
bewegt er sich dann im Kreise herum, [b] trübe und
schlammig, und indem er sich um die Erde herumwälzt,
kommt er nächst anderen Orten auch an die Grenzen des
Acherusischen Sees, jedoch ohne daß ihre Gewässer sich
vermischten. Und nachdem er sich oftmals unter der Erde
umhergewälzt, ergießt er sich weiter unten in den Tartaros. Dies ist der, den man Pyriphlegethon nennt, von
welchem auch die feuerspeienden Berge, wo sich deren
auf der Erde finden, kleine Teilchen heraufblasen.[57] Diesem wiederum gegenüber strömt der vierte aus, zuerst in
eine furchtbare und wilde Gegend, wie man sagt, die von
Farbe ganz und gar dunkelblau ist, [c] welche sie die stygi-
sche nennen, und den See, welchen der Fluß bildet, den
Styx. Nachdem sich dieser nun hier hineinbegeben und
gewaltige Kräfte aufgenommen in sein Wasser, geht er
unter die Erde, wälzt sich herum, kommt dem Pyriphlegethon gegenüber wieder hervor und trifft auf den Ache-

rusischen See an der gegenüberliegenden Seite. Und auch
dieser vermischt sein Wasser mit keinem andern, sondern
geht ebenfalls im Kreise herum und ergießt sich wieder in
den Tartaros gegenüber dem Pyriphlegethon. Sein Name
aber heißt, wie die Dichter sagen, Kokytos.

62. [d] Da nun dieses so ist, so werden, sobald die Verstorbenen an dem Orte angelangt sind, wohin der Dämon
jeden bringt, zuerst diejenigen gerichtet, welche schön
und heilig gelebt haben und welche nicht. Die nun dafür
erkannt werden, einen mittelmäßigen Wandel geführt zu
haben, begeben sich zum Acheron, besteigen die Fahrzeuge, die es da für sie gibt, und gelangen auf diesen zu
dem See. Hier wohnen sie und reinigen sich, büßen ihre
Vergehungen ab, wenn einer sich irgendwie vergangen
hat, und werden losgesprochen, wie sie auch ebenso für
ihre guten Taten den Lohn erlangen, [e] jeglicher nach
Verdienst. Deren Zustand aber für unheilbar erkannt wird
wegen der Größe ihrer Vergehungen, weil sie häufigen
und bedeutenden Raub an den Heiligtümern begangen
oder viele ungerechte und gesetzwidrige Mordtaten vollbracht oder anderes, was dem verwandt ist, diese wirft ihr
gebührendes Geschick in den Tartaros, aus dem sie nie
wieder heraussteigen. Die hingegen zwar heilbare, aber
doch große Vergehungen begangen zu haben befunden
werden, wie die gegen Vater oder Mutter [114a] im Zorn
etwas Gewalttätiges ausgeübt oder die auf diese oder
andere Weise Mörder geworden sind, diese müssen zwar
auch in den Tartaros stürzen, aber wenn sie hineingestürzt
und ein Jahr darin gewesen sind, wirft die Welle sie wieder
aus, die Mörder auf der Seite des Kokytos, die aber gegen
Vater und Mutter sich versündigt, auf der des Pyriphlegethon. Wenn sie nun, auf diesen fortgetrieben, an den
Acherusischen See kommen: so schreien sie da und rufen

die, welche von ihnen getötet worden sind oder frevelhaft behandelt. Haben sie sie nun herbeigerufen, so flehen sie und bitten, [b] sie möchten sie in den See aussteigen lassen und sie dort aufnehmen. Wenn sie sie nun überreden, so steigen sie aus, und ihre Übel sind am Ende; wo nicht, so werden sie wieder in den Tartaros getrieben und aus diesem wieder in die Flüsse, und so hört es nicht auf ihnen zu ergehen, bis sie diejenigen überreden, welchen sie unrecht getan haben; denn diese Strafe ist ihnen von den Richtern angeordnet. Die aber ausgezeichnete Fortschritte in heiligem Leben gemacht zu haben befunden werden, dies endlich sind diejenigen, welche, von allen diesen Orten im Innern der Erde befreit und losgesprochen von allem Gefängnis, [c] hinauf in die reine Behausung gelangen und auf der Erde wohnhaft werden. Welche nun unter diesen durch Weisheitsliebe sich schon gehörig gereinigt haben, diese leben für alle künftigen Zeiten gänzlich ohne Leiber und kommen in noch schönere Wohnungen als diese, welche weder leicht wären zu beschreiben, noch würde die Zeit für diesmal zureichen. Aber schon um dessentwillen, was wir jetzt auseinandergesetzt haben, o Simmias, muß man ja wohl alles tun, um der Tugend und Vernunft im Leben teilhaftig zu werden. Denn schön ist der Preis und die Hoffnung groß.

63. [d] Daß sich nun dies alles gerade so verhalte, wie ich es auseinandergesetzt, das ziemt wohl einem vernünftigen Mann nicht zu behaupten; daß es jedoch sei es nun diese oder eine ähnliche Bewandtnis haben muß mit unseren Seelen und ihren Wohnungen, wenn doch die Seele offenbar etwas Unsterbliches sei, dies, dünkt mich, zieme sich gar wohl und lohne auch, es darauf zu wagen, daß man glaube, es verhalte sich so. Denn es ist ein schönes Wagnis, und man muß mit solcherlei gleichsam sich selbst besprechen. Darum spinne ich auch schon so lange an der Erzählung. Also um dessentwillen muß ein Mann guten Mutes sein seiner Seele wegen, [e] der im Leben die andern Lüste, die es mit dem Leibe zu tun haben, und dessen Schmuck und Pflege hat fahren lassen als etwas ihn selbst nicht Angehendes und wodurch er nur Übel ärger zu machen befürchtete, jener Lust hingegen an der Forschung nachgestrebt und seine Seele geschmückt hat nicht mit fremden, sondern mit dem ihr eigentümlichen Schmuck, Besonnenheit, [115a] Gerechtigkeit, Tapferkeit, Edelmut und Wahrheit, so seine Fahrt nach der Unterwelt erwartend, um sie anzutreten, sobald das Schicksal rufen wird. – Ihr nun, setzte er hinzu, o Simmias und Kebes und ihr übrigen, werdet ein andermal jeder zu seiner Zeit abgehen; mich aber ruft jetzt schon, würde ein tragischer Mann sagen, das Geschick, und es ist wohl beinahe Zeit, sich nach dem Bade umzusehen. Denn es dünkt mich doch besser zu baden, ehe ich den Trank nehme, und nicht hernach den Weibern Mühe zu machen mit dem Waschen des Leichnams.[58]

64. [b] Als er dieses gesagt, sprach Kriton: Wohl, o Sokrates! Was aber trägst du diesen oder mir auf deiner Kinder wegen, oder was wir sonst irgend dir noch recht zu Dank machen könnten, wenn wir es täten? – Was ich immer sage, sprach er, o Kriton, nichts Besonderes weiter, daß nämlich, wenn ihr euer selbst recht wahrnehmt, ihr mir und den Meinigen und euch selbst alles zu Dank machen werdet, was ihr nur tut, und wenn ihr es auch jetzt nicht versprecht; wenn ihr aber euch selbst vernachlässigt und nicht gleichsam den Spuren des jetzt und sonst schon Gesagten nachgehen wollt im Leben, daß ihr dann, wenn ihr auch jetzt noch so vieles und noch so heilig versprächet, [c] doch nichts weiter damit ausrichten werdet. –

Dieses also wollen wir uns bestreben, so zu machen, sagte
Kriton. Aber auf welche Weise sollen wir dich begraben?
– Wie ihr wollt, sprach er, wenn ihr mich nur wirklich
haben werdet und ich euch nicht entwischt bin. Dabei
lächelte er ganz ruhig und sagte, indem er uns ansah: Diesen Kriton, ihr Männer, überzeuge ich nicht, daß ich dieser Sokrates bin, der jetzt mit euch redet und euch das
Gesagte einzeln vorlegt, sondern er glaubt, ich sei jener,
[d] den er nun bald tot sehen wird, und fragt mich deshalb,
wie er mich begraben soll. Daß ich aber schon so lange
eine große Rede darüber gehalten habe, daß, wenn ich den
Trank genommen habe, ich dann nicht länger bei euch
bleiben, sondern fortgehen werde zu irgendwelchen
Herrlichkeiten der Seligen, das, meint er wohl, sage ich
alles nur so, um euch zu beruhigen und mich mit. So legt
ihr denn eine Bürgschaft für mich ein beim Kriton, und
zwar eine ganz entgegengesetzte, als er bei den Richtern
eingelegt hat. Denn er hat sich verbürgt, ich würde ganz
gewiß bleiben, ihr aber verbürgt euch dafür, daß ich ganz
gewiß nicht bleiben werde, wenn ich tot bin, sondern
mich davonmachen und fort sein, [e] damit Kriton es
leichter trage, und, wenn er meinen Leib verbrennen oder
begraben sieht, sich nicht ereifere meinetwegen, als ob mir
Arges begegne; und damit er nicht beim Begräbnis sage, er
stelle den Sokrates aus oder trage ihn heraus oder begrabe
ihn. Denn wisse nur, sagte er, o bester Kriton, sich
unschön ausdrücken ist nicht nur eben insofern fehler-
haft, sondern bildet auch etwas Böses ein in die Seele.
Sondern du mußt mutig sein und sagen, daß du meinen
Leib begräbst, und diesen begrabe nur, [116a] wie es dir
eben recht ist und wie du es am meisten für schicklich
hältst.

65. Dieses gesagt, stand er auf und ging in ein Gemach, um zu baden, und Kriton begleitete ihn, uns aber hieß er dableiben. Wir blieben also und redeten untereinander über das Gesagte und überdachten es noch einmal; dann aber auch klagten wir wieder über das Unglück, welches uns getroffen hätte, ganz darüber einig, daß wir nun gleichsam des Vaters beraubt als Waisen das übrige Leben hinbringen würden. Nachdem er nun gebadet [b] und man seine Kinder zu ihm gebracht hatte – er hatte nämlich zwei kleine Söhne und einen größern – und die ihm angehörigen Frauen gekommen waren, sprach er mit ihnen in Kritons Beisein, und nachdem er ihnen aufgetragen, was er wollte, hieß er die Weiber und Kinder wieder gehen, er aber kam zu uns. Und es war schon nahe am Untergange der Sonne, denn er war lange drinnen geblieben. – Als er nun gekommen war, setzte er sich nieder nach dem Bade und hatte noch nicht viel seitdem gesprochen, so kam der Diener der Elfmänner, stellte sich zu ihm und sagte: [c] O Sokrates, über dich werde ich mich nicht zu beklagen haben, wie über andere, daß sie mir böse werden und mir fluchen, wenn ich ihnen ansage, das Gift zu trinken auf Befehl der Oberen. Dich aber habe ich auch schon sonst in dieser Zeit erkannt als den edelsten, sanftmütigsten und trefflichsten von allen, die sich jemals hier befunden haben, und auch jetzt weiß ich sicher, daß du nicht mir böse sein wirst, denn du weißt wohl, wer schuld daran ist, sondern jenen. Nun also, denn du weißt wohl, was ich dir zu sagen gekommen bin, [d] lebe wohl, und suche so leicht als möglich zu tragen, was nicht zu ändern ist. Da weinte er, wendete sich um und ging. – Sokrates aber sah ihm nach und sprach: Auch du lebe wohl, und wir wollen so tun. Und zu uns sagte er: Wie fein der Mensch ist. So ist er die ganze Zeit mit mir umgegangen, hat sich bisweilen mit mir unterredet und war der beste Mensch; und nun, wie

aufrichtig beweint er mich! Aber wohlan denn, o Kriton,
laßt uns ihm gehorchen, und bringe einer den Trank,
wenn er schon ausgepreßt ist, wo nicht, so soll ihn der
Mensch bereiten. – [e] Da sagte Kriton: Aber mich dünkt,
o Sokrates, die Sonne scheint noch an die Berge und ist
noch nicht untergegangen. Und ich weiß, daß auch andere
erst ganz spät getrunken haben, nachdem es ihnen ange-
sagt worden ist, und haben noch gut gegessen und getrunken, ja einige haben gar noch Schöne zu sich kommen
lassen, nach denen sie Verlangen hatten. Also übereile
dich nicht; denn es hat noch Zeit. – Da sagte Sokrates: Gar
recht, o Kriton, hatten jene, so zu tun, wie du sagst – denn
sie meinten etwas zu gewinnen, wenn sie so täten –, und
gar recht habe auch ich, nicht so zu tun. Denn ich meine
nichts zu gewinnen, [117a] wenn ich um ein weniges später
trinke, als nur daß ich mir selbst lächerlich vorkommen
würde, wenn ich am Leben klebte und sparen wollte, wo
nichts mehr ist. Also geh, sprach er, folge mir und tue
nicht anders. –

66. Darauf winkte denn Kriton dem Knaben, der ihm
zunächst stand, und der Knabe ging heraus, und nachdem
er eine Weile weggeblieben, kam er und führte den herein,
der ihm den Trank reichen sollte, welchen er schon zube-
reitet im Becher brachte. – Als nun Sokrates den Menschen sah, sprach er: Wohl, Bester, denn du verstehst es
ja, wie muß man es machen? – Nichts weiter, sagte er, als
wenn du getrunken hast, herumgehen, bis dir die Schenkel schwer werden, [b] und dann dich niederlegen, so wird
es schon wirken. Damit reichte er dem Sokrates den
Becher, und dieser nahm ihn, und ganz getrost, o Echekrates, ohne im mindesten zu zittern oder Farbe oder
Gesichtszüge zu verändern, sondern, wie er pflegte, ganz
gerade den Menschen ansehend, fragte er ihn: Was meinst

du von dem Trank wegen einer Spendung? Darf man eine machen oder nicht? – Wir bereiten nur soviel, o Sokrates, antwortete er, als wir glauben, daß hinreichend sein wird. – [c] Ich verstehe, sagte Sokrates. Beten aber darf man doch zu den Göttern und muß es, daß die Wanderung von hier dorthin glücklich sein möge, worum denn auch ich hiermit bete, und so möge es geschehen. Und wie er dies gesagt, setzte er an, und ganz frisch und unverdrossen trank er aus. Und von uns waren die meisten bis dahin ziemlich imstande gewesen sich zu halten, daß sie nicht weinten; als wir aber sahen, daß er trank und getrunken hatte, nicht mehr. Sondern auch mir selbst flossen Tränen mit Gewalt, und nicht tropfenweise, so daß ich mich ver-hüllen mußte und mich ausweinen, nicht über ihn jedoch, sondern über mein eigenes Schicksal, was für eines Freun-des ich nun sollte beraubt werden. [d] Kriton war noch eher als ich, weil er nicht vermochte die Tränen zurückzu-halten, aufgestanden. Apollodoros aber hatte schon frü-her nicht aufgehört zu weinen, und nun brach er völlig aus, weinend und unwillig sich gebärdend, und es war keiner, den er nicht durch sein Weinen erschüttert hätte, von allen Anwesenden als nur Sokrates selbst. Der aber sagte: Was macht ihr doch, ihr wunderbaren Leute! Ich habe vorzüglich deswegen die Weiber weggeschickt, daß sie dergleichen nicht begehen möchten; [e] denn ich habe immer gehört, man müsse stille sein, wenn einer stirbt. Also haltet euch ruhig und wacker. Als wir das hörten, schämten wir uns und hielten inne mit Weinen. Er aber ging umher, und als er merkte, daß ihm die Schenkel schwer wurden, legte er sich gerade hin auf den Rücken, denn so hatte es ihm der Mensch geheißen. Darauf berührte ihn eben dieser, der ihm das Gift gegeben hatte, von Zeit zu Zeit und untersuchte seine Füße und Schen-

kel. Dann drückte er ihm den Fuß stark und fragte, ob er
es fühle; er sagte nein. [118a] Und darauf die Knie, und so
ging er immer höher hinauf und zeigte uns, wie er erkal-
tete und erstarrte. Darauf berührte er ihn noch einmal und
sagte, wenn ihm das bis ans Herz käme, dann würde er hin
sein. Als ihm nun schon der Unterleib fast ganz kalt war,
da enthüllte er sich, denn er lag verhüllt,[59] und sagte, und
das waren seine letzten Worte: O Kriton, wir sind dem
Asklepios einen Hahn schuldig, entrichtet ihm den, und
versäumt es ja nicht.[60] – Das soll geschehen, sagte Kriton,
sieh aber zu, ob du noch sonst etwas zu sagen hast. Als
Kriton dies fragte, antwortete er aber nichts mehr, sondern bald darauf zuckte er, und der Mensch deckte ihn
auf; da waren seine Augen gebrochen. Als Kriton das sah,
schloß er ihm Mund und Augen.

67. Dies, o Echekrates, war das Ende unseres Freundes,
des Mannes, der unserm Urteil nach von den damaligen,
mit denen wir es versucht haben, der trefflichste war, und
auch sonst der vernünftigste und gerechteste.

Anmerkungen

Dem Text der vorliegenden Ausgabe liegt die zweite, verbesserte Auflage der Schleiermacherschen Übersetzung zugrunde, die 1826 bei Georg Reimer in Berlin erschien. Orthographie und Interpunktion wurden modernisiert, einige wenige Stellen, die heute eher mißverständlich scheinen, geändert, wobei der griechische Text der Ausgabe von J. Burnet (Oxford 1909) herangezogen wurde.

1 Phaidon aus Elis, um das Jahr 400 als Kriegsgefangener nach Athen verkauft und durch Vermittlung des Sokrates bald darauf befreit, wurde einer seiner Lieblingsschüler und später das Haupt der sog. elischen Schule.
2 Das einleitende Gespräch spielt in Phlius, der im nordöstlichen Peleponnes gelegenen Heimat des Echekrates.
3 Minos, der König von Kreta, der den Athenern die Schuld am Tod seines Sohnes Androgeos gab, überzog die Athener mit Krieg, der in Athen eine Hungersnot und Pestilenz entstehen ließ. Um sich von dieser Plage zu befreien, gelobten die Athener auf den Rat des Orakels, alle neun Jahre sieben Knaben und sieben Mädchen als Opfergabe für den Minotauros nach Kreta zu schicken.
4 Auf Delos war Apollon geboren.
5 Ein schwärmerischer Verehrer des Sokrates aus Phaleron.
6 Sohn des reichen Hipponikos und Bruder des Kallias.
7 Sohn des Antiphon.
8 Demos in Attika.
9 Nach ihm ist ein Dialog Platons benannt.
10 Begründer der megarischen Philosophenschule (Eristiker oder Dialektiker).
11 Aus Kyrene, der Hauptstadt der griechischen Kolonie Kyrenaika in Nordafrika (heute Ruinen von Grenneh). Er war der Begründer der kyrenaischen (hedonistischen) Philosophenschule (um 360 gestorben).
12 Die »Elfmänner« übten die Aufsicht über die Gefängnisse aus und waren für den Vollzug der Strafen, namentlich der Todesstrafe, verantwortlich.
13 Als reicher Mann hatte Kriton zahlreiche Diener bei sich.
14 Die Rhapsoden leiteten ihre Vorträge mit Hymnen ein; auch feierliche Opfer wurden mit Hymnengesang eröffnet.

15 Sophist und Dichter, von Paros stammend, den Platon auch im *Phaidros* und in der *Apologie* mit einer gewissen Ironie erwähnt.

16 Ein pythagoreischer Philosoph aus Tarent oder Kroton, den Platon während seines Aufenthaltes in Unteritalien kennenlernte.

17 Die Hinrichtung am Tage zu vollziehen war gesetzlich verboten.

18 Platon vermeidet es, den Mann mit seinem eigentlichen Namen (δημόσιος: Henker) zu nennen, sondern bezeichnet das Häßliche und Unangenehme mit einer Umschreibung. Wie bei uns bis weit ins Mittelalter hinein galt auch damals der Henker als unrein, so daß er auch außerhalb der Stadt wohnen mußte.

19 Die Böoter galten als ungebildet.

20 Vgl. unseren Ausdruck »Höllenpfuhl«.

21 Der griechische Vers lautet: πολλοὶ μὲν ναϱθηϰοφόϱοι, παῦϱοι δέ τε βάϰχοι. Ähnlich lautet Mt. 20,16: πολλοὶ γάϱ εἰσι ϰλητοί, ὀλίγοι δὲ ἐϰλεϰτοί (›Viele sind berufen, aber wenige sind auserwählt‹).

22 Von den griechischen Komikern haben Eupolis, Aristophanes und Ameipsias den Sokrates auf der Bühne verspottet. Eupolis nannte ihn einen »bettelhaften Schwätzer«.

23 Endymion war ein Sohn des Zeus und König von Elis, dem jener zur Belohnung für seine Gerechtigkeit ewigen Schlaf und unvergängliche Jugend verlieh. Von der jungfräulichen Artemis oder Selene wurde der schöne Jüngling auf den Berg Latmos in Karien entführt, wo sie den Schlafenden insgeheim küßte.

24 In den Handschriften folgen die höchstwahrscheinlich einen Zusatz von fremder Hand darstellenden Worte: ϰαὶ ταῖς μέν γε ἀγαϑαῖς ἄμεινον εἶναι, ταῖς δὲ ϰαϰαῖς ϰαϰίον (»und zwar für die guten ein besseres, für die schlechten aber ein schlechteres«).

25 Gemeint ist der Hades. Ἅιδης oder homerisch Ἄιδης, der Name, den die Griechen dem Sohn des Kronos, der sich mit seinen Brüdern Zeus und Poseidon in das Weltregiment teilte, beilegten, leitet sich von ἰδεῖν ›sehen‹ und dem verneinenden ἀ her; er bezeichnet also den Unsichtbaren, daneben aber auch den den Blicken der Menschen entzogenen, unsichtbaren Aufenthalt der Toten im Schoß der Erde.

26 Platon verwendet den volkstümlichen Glauben an Gespenster für seine philosophischen Zwecke. Er setzt ihn mit der Seelenwanderung in Verbindung und gibt ihm durch Hinzunahme des Begriffes der Buße und Läuterung einen ethischen Charakter. Übrigens weicht die hier vermittelte Vorstellung von derjenigen ab, die sich übereinstimmend mit dem *Staat* (614) und *Gorgias* (522) am

'Schluß unseres Dialoges (107 ff.) findet. Danach werden sämtliche Seelen nach dem Tode im Hades vor ein Gericht gestellt, und erst nach einer tausendjährigen Wanderung nehmen die der Läuterung bedürftigen Seelen wieder einen Leib an.

27 D. h. dem Weisheitliebenden, wie ja Platon selbst an einer Stelle des *Staates* beides identifiziert (2; 376b).

28 Penelope trennte in der Nacht auf, was sie am Tage gewebt hatte (*Odyssee* 19,149 ff.), die falschen Philosophen aber suchen die vom Körper getrennte Seele wieder mit ihm zu vereinigen.

29 Siehe Kap. 23 f.

30 Zum Zeichen der Trauer pflegten sich die Griechen das Haar abzuschneiden. Das tut schon Achilles beim Tode des Patroklos (*Ilias* 23,141).

31 Als die Argeier im Jahre 546 von den Lakedämoniern besiegt wurden, schwuren sie, das Haar nicht eher wieder wachsen zu lassen, als bis sie die verlorene Stadt Tyreai zurückerobert hätten (vgl. *Herodot* 1,2).

32 Der Sage nach wurde Herakles im Kampfe mit der Lernäischen Schlange von einem Krebs angegriffen und rief deshalb den Iolaos zu Hilfe.

33 Meerenge zwischen Euböa und Böotien.

34 Platon meint die Sophisten (Vgl. Kap. 22).

35 *Odyssee* 20,17 f.

36 Harmonia war der Sage nach die Gattin des thebanischen Königs Kadmos. Mit Kadmos ist im folgenden Kebes gemeint.

37 D. h. zum Zweikampf antretend, aufeinander losgehend.

38 Z. B. die Naturphilosophen Anaximander, Anaxagoras und Archelaos.

39 Lehre des Empedokles.

40 Lehre des Anaximenes aus Milet.

41 Lehre des Heraklit.

42 Nach Empedokles ruht die Erde in der Mitte, weil die rasche Kreisbewegung des Himmels die Bewegung der Erde hindere.

43 Damit ist Anaximenes gemeint.

44 Schifferausdruck für solche, die bei mangelndem Fahrwind sich der Ruder bedienen mußten. Sprichwörtlich bezeichnete man mit diesem Ausdruck die Bemühung um das Zweitbeste, wenn es nicht möglich war, das Beste zu erreichen.

45 Damit sind die Sophisten gemeint.

46 Siehe Kap. 14 ff.

47 Siehe 102d–e.

48 Telephos, der Myserkönig, wurde von Achilles verwundet, als er
   sich der Landung der Achäer an der mysischen Küste widersetzte.
   Da einem Orakelspruch zufolge nur Achilles selbst die Wunde
   heilen konnte, mußte er als Bittflehender im Lager der Griechen
   vor Troja erscheinen. Die Tragödie des Aischylos ist nicht erhalten.

49 Allmonatlich am Abend eines jeden Dreißigsten brachten die Reichen der Hekate an Dreiwegen für die Verstorbenen ein aus Bro-
   ten bestehendes Mahl als Opfer dar.

50 Siehe Kap. 30.

51 Zum Beispiel Thales und Pythagoras, die sich mit der physischen,
   und Anaximander und Hekataios, die sich mit der geographischen
   Beschaffenheit befaßt hatten.

52 Wahrscheinlich legt Platon hier seine eigenen Ansichten dar.

53 Die Seligen, die am Rande ihres Landes wohnen, haben nach der
   einen Seite die Luft, die die Vertiefungen unserer Erde bis an den
   Rand ihres Landes ausfüllt, um sich, nach der anderen aber und
   über sich den Äther.

54 *Ilias* 8,13.

55 *Ilias* 8,481.

56 Hesiod, Pindar, Aischylos, Euripides.

57 Damit sind die Lavaströme der feuerspeienden Berge gemeint.

58 Es war ein religiöser Brauch, den Leichnam zu waschen; denn
   durch den Tod kam der Mensch in nähere Berührung mit den
   Göttern; diesen aber durfte sich nur Reines nahen.

59 Bei der Annäherung des Todes verhüllten die Alten den Kopf.

60 Die von Krankheit Genesenen opferten dem Asklepios einen
   Hahn. Das Erdenleben war also für Sokrates eine Krankheit, von
   der ihn der Tod erlöste.

Gedankengang des Dialogs

I. Vorgespräch (1–2)

Echekrates von Phlius bittet um einen Bericht über die Vorgänge nach
der Verurteilung des Sokrates und bei seinem Tode. Phaidon schildert
die Gründe für die Verzögerung des Strafvollzugs, und die Begeben-
heiten am Todestage selbst bis zur Ankunft der Freunde und Schüler
des Meisters im Gefängnis. Nach Entfernung der bei Sokrates weilen-
den Gattin Xanthippe und seines Kindes beginnt das Hauptgespräch.

II. Hauptgespräch (3–67)

1. *Einleitung (3–14)*

Ausgehend von dem Wohlgefühl, das ihn nach Abnahme der Fesseln
überkommt, bezeichnet Sokrates das sonderbare Verhältnis zwischen
Freude und Schmerz als geeigneten Stoff für eine Äsopische Fabel.
Die Erwähnung Äsops veranlaßt Kebes zur Mitteilung der kürzlich
von dem Sophisten Euenos an ihn gerichteten Frage, wie es komme,
daß sich Sokrates jetzt mit der Versifizierung der Fabeln jenes Dich-
ters befasse. Sokrates gibt darüber Auskunft und empfiehlt, den Euenos aufzufordern, ihm möglichst bald im Tode zu folgen, wenn
anders er ein wahrer Philosoph sei; denn der Philosoph sehne sich
nach dem Tode. Das soll durchaus keine Empfehlung des Selbstmor-
des sein, wofür es z. B. Simmias hält. Vielmehr erklärt Sokrates diesen als unzulässig; denn der von den Göttern abhängige Mensch dürfe
nicht über sich verfügen, sondern müsse warten, bis ihm die Götter
den Tod schicken. Trotzdem bleibe der Satz in Geltung, daß sich der
Philosoph nach dem Tode sehnt. Diese Sehnsucht ist durchaus nicht
etwas unvernünftiges; denn man gibt die beste Obhut, die der Götter,
mit dem Tode nicht auf, weil man ja wieder zu ihnen kommt. Außerdem gelangt man höchstwahrscheinlich zu besseren Menschen. Ferner ist hier das Wort Tod in übertragenem Sinne zu verstehen als ein
Absterben der Lüste des Körpers. Zur Erkenntnis der Wahrheit, nach
der der Philosoph trachtet, führt ihn nicht die sinnliche Wahrnehmung, sondern die rein geistige Tätigkeit, durch die die Ideen erfaßt
werden. Alles aber, wodurch unsere Erkenntnis getrübt wird, geht
vom Körper aus. Als höchstes Ziel muß es also der Philosoph anse-

hen, seine Seele möglichst unabhängig vom Körper zu machen. Diese Unabhängigkeit in vollem Umfange bringt ihm aber nur der Tod. Deshalb freut er sich auf ihn. Diese Freude ist aber nur unter der Voraussetzung der Unsterblichkeit der Seele berechtigt.

2. *Erster Beweis (15–23)*

(a) Sokrates geht von der alten Sage aus, daß die Seelen der Verstorbenen in den Hades gelangen und von da zurückkehren. Durch Betrachtung der Vorgänge in der Natur, dieses dauernden Kreislaufes der Erscheinungen, kommt Sokrates zu dem Satz: Alles, was einen Gegensatz hat, geht in denselben über, und zwischen zwei Gegensätzen finden jedesmal zwei Übergänge statt. Leben und Tod sind Gegensätze, die Übergänge dazu aber sind Sterben und Wiederaufleben. Gäbe es kein Wiederaufleben, so würde alles aufhören zu existieren. Also kommt den Seelen der Gestorbenen ein Sein zu (15–17).
(b) Die Sokratische Lehre, daß Wissen Wiedererinnerung an früher Wahrgenommenes sei, weist gleichfalls auf ein Dasein der Seele schon vor der Geburt hin (18–22).
(c) Ist nun dadurch auch die Präexistenz der Seele bewiesen, so doch noch nicht ihr Fortleben nach dem Tode. Das folgt aber aus dem ersten Teile dieses Beweises, demzufolge das Lebende aus dem Toten entsteht (23).

3. *Übergang zum zweiten Beweis (24)*

Zur weiteren Beseitigung der Todesfurcht folgt noch ein zweiter Beweis für die Unsterblichkeit der Seele.

4. *Zweiter Beweis (25–34)*

(a) Wenn sich die Seele, wie man fürchtet, beim Tode verflüchtigt, so muß sie etwas Zusammengesetztes sein; denn nur Zusammengesetztes kann aufgelöst werden. Was sich immer gleich bleibt, ist nicht zusammengesetzt; was sich stets verändert, ist zusammengesetzt. Zu ersterem gehören die Ideen (das Unsichtbare), zu letzterem die Sinnendinge (das Sichtbare). Jenem ist die Seele, diesem der Körper verwandt. Auch insofern ist die Seele den Ideen verwandt, als das Objekt der rein geistigen Tätigkeit das ewig Unveränderliche ist. Die Göttlichkeit der Seele zeigt sich ferner in ihrer natürlichen Bestimmung zur Herrschaft über den Körper (25–28).
(b) Gemäß dieser Verwandtschaft ist der Körper zerstörbar, dagegen nicht die Seele. Wenn sich nun die Seele schon während des Lebens vom Körper möglichst frei gemacht hat, so ist ihr Fortleben um so

wahrscheinlicher, als der Körper den Tod ja auch eine Zeitlang überdauert. Die in völliger Reinheit abscheidenden Seelen gelangen zur
seligen Ruhe bei den Göttern; die von sinnlichen Begierden befleck-
ten dagegen müssen an den Gräbern umherirren und schließlich in
einem ihrer Sinnesart angemessenen Tierkörper ein neues Leben
beginnen. Nur dem Philosophen ist also die Gemeinschaft mit den
Göttern beschieden. Wenn er nach Wahrheit strebt, indem er seine
Seele so weit wie möglich von den Fehlern des Körpers frei macht,
bereitet er sich am besten für das Leben nach dem Tode vor (29–34).

5. *Einwände des Kebes und Simmias (35–40)*

(a) Sokrates hat aus den leisen Bemerkungen des Simmias und Kebes
den Eindruck gewonnen, daß sie mit seinen Ausführungen nicht ein-
verstanden sind. Er fordert sie deshalb auf, ihre Bedenken offen aus-
zusprechen (35).
(b) Der Einwand des Simmias beruht darauf, daß seiner Ansicht nach
die Seele als Stimmung des Körpers diesen nicht überdaure (36).
(c) Kebes räumt der Seele zwar eine Präexistenz und eine längere
Dauer als dem Körper ein, läßt aber doch die Möglichkeit offen, daß
sie vom letzten Körper überdauert wird (37–38).
(d) Während alle anderen Anwesenden von diesen Einwänden irregemacht werden, bleibt der Gleichmut des Sokrates unerschüttert. Er
benutzt die Gelegenheit, seine Schüler vor Verzagtheit und der daraus
entstehenden »Redefeinschaft« zu warnen (39–40).

6. *Widerlegung des Simmias (41–43)*

(a) Die Seele kann keine Stimmung sein; dem widerspricht die schon
von Simmias selbst ausdrücklich anerkannte Lehre von der Präexistenz der Seele (41).
(b) Die Seele kann ferner keine Stimmung sein, weil jede ihrem Wesen
nach der anderen gleich ist, nicht aber jede Stimmung der anderen.
Der einen Seele kommt Vernunft und Tugend (= Stimmung) zu, der
anderen Unvernunft und Laster (= Verstimmung). Wäre nun die
Seele eine Stimmung, so müßte es also eine Stimmung der Stimmung
oder gar eine Verstimmung der Stimmung geben; doch das wäre
ungereimt (42).
(c) Die Seele kann ferner keine Stimmung sein, weil eine Stimmung
nie mit ihren Teilen in Widerspruch steht. Die Seele aber widersetzt
sich häufig dem Körper (43).

7. Widerlegung des Kebes (44–56)

(a) Nochmalige Anführung des Einwandes des Kebes, daß die Seele zwar viele Körper überdauern könne, daß man aber nie wisse, ob sie jeweilig in dem letzten sei (44).

(b) Die Gründe des Entstehens und Vergehens überhaupt werden näher untersucht. Dabei gibt Sokrates Aufschluß über seinen philosophischen Entwicklungsgang. In den Ideen hat er schließlich den wahren Grund der Dinge erkannt (45–48).

(c) Der wahre Grund für die Eigenschaften der Dinge liegt in ihrer Teilnahme an den Ideen. Keine Idee läßt die Verbindung mit dem ihr Entgegengesetzten zu; ebensowenig die Gegenstände, die einen der sich ausschließenden Begriffe als ein ihnen wesentlich zukommendes Prädikat an sich haben; auch sie verbinden sich nie mit dem diesen entgegengesetzten Begriff. Die mit der Idee des Lebens unlöslich verbundene Seele schließt deshalb den Tod aus, ist also unsterblich und damit unvergänglich (49–56).

8. Schlußmythos über das künftige Schicksal der Seele (57–63)

9. Das Ende des Sokrates (64–67)

III. Schlußworte

Nachwort

Als Sokrates im Jahre 399 vor unserer Zeitrechnung starb, ahnte wohl niemand, daß dieser Mann, von dem wir historisch so gut wie nichts wissen,[1] zum Inbegriff des Philosophen überhaupt werden sollte[2] und vor allem dank des literarischen Genies von Platon weit über die Grenzen der Philosophie hinaus lebendig bleiben würde. Hieran hat der *Phaidon* maßgeblichen Anteil. Seine Thematik erfaßt das Menschliche in seinem tiefsten Wesen, und die heitere Gelassenheit und Sachlichkeit, die Sokrates ausstrahlt, machen ihn zu einer bewunderungswürdigen Gestalt. Davor tritt schließlich auch die unvermeidliche und unbeantwortbare Frage nach der historischen Authentizität des Gesprächs in den Hintergrund. Der moderne Leser empfindet hier etwas von dem, was Aristoteles in seiner *Poetik* als das Philosophische an der Dichtung charakterisierte: Anders als Geschichtsschreibung sagt sie nicht, was wie geschah, sondern wie etwas geschehen könnte. In diesem Sinn bleibt auch der philosophische Kern des Gesprächs plausibel: Wie sind religiöse Überzeugungen und Traditionen angesichts der Befunde und Überzeugungen der Wissenschaft einzuschätzen?[3]

Der *Phaidon* wird der mittleren Schaffensperiode Platons zugeordnet; er gehört zu jenen Dialogen, in denen Platon nun mehr und mehr Gesichtspunkte seiner eigenen Philosophie erkennbar werden läßt: der literarische Sokrates beschränkt sich nicht darauf, Wissensansprüche anderer zu prüfen und zu destruieren; er vertritt selbst Thesen. Dabei handelt es sich

---

1 Siehe dazu: O. Gigon, *Sokrates. Sein Bild in Dichtung und Geschichte*, Bern ²1979.

2 Das heutige Sokrates-Bild ist sehr stark von Sören Kierkegaards Beschäftigung mit den Dialogen Platons geprägt. Vgl. dazu: H. Sarf, »Reflections on Kierkegaard's Socrates«, in: *Journal of the History of Ideas* 44 (1983) S. 255–276.

3 Vgl. H.-G. Gadamer, »Die Unsterblichkeitsbeweise in Platons ›Phaidon‹«, in: H.-G. G., *Gesammelte Werke*, Bd. 6, Tübingen 1986, S. 197.

um Überlegungen bezüglich des wahren Wesens der Wirklichkeit, um Gedanken über mögliche Gegenstände verläßlichen Erkennens und um Annahmen bezüglich Wert und Unwert menschlichen Sinnens. Solche Themen bestimmen auch das Gespräch des *Phaidon*. Die ungewöhnlichen Umstände erfüllen diese Gedanken in besonderer Weise und machen so diesen Dialog, der vielleicht am Anfang der mittleren Schaffensperiode steht, zu einem besonders wichtigen Dokument Platonischen Philosophierens.

Zu den mittleren Dialogen zählen ferner das *Gastmahl* (*Symposion*), der *Staat* (*Politeia*), vielleicht auch der *Kratylos* und der *Phaidros*.[4] Namentlich der *Phaidon* und das *Symposion* wurden von jeher als Einheit empfunden. Dies mag zunächst erstaunen. Denn immerhin bilden beide Dialoge einen denkbar großen Kontrast: Hier die gelassene Stimmung angesichts des Todes, dort das lebensfrohe Vergnügen am Gespräch über Liebe (*Eros*). Doch gehören beide Dialoge tatsächlich eng zusammen. Dies betrifft weniger die Tatsache, daß etwa die Ideen (s. S. 113) fast gleichlautend charakterisiert werden und sich diese Charakterisierung sonst nicht aufweisen läßt. Es betrifft vielmehr den Gesichtspunkt der literarischen Einheit des Porträts des Sokrates und in diesem Sinn auch wesentliche Momente und Perspektiven Platonischen Philosophierens: Der Mensch ist Bürger zweier Welten,[5] aber doch eigentlich im Jenseits beheimatet. Das Erlebnis von Schönheit und Liebe und das Gefühl von Sehnsucht nach Dauerhaftigkeit weisen unterschiedliche Wege. Im *Symposion* wird der irdische Aspekt betont. Hier erfüllt sich das Streben in der »Zeugung im Schönen, sowohl dem Leibe als auch der Seele nach« (206a). Denn diese Zeugung ist das

---

4 Von einigen Forschern wird heute, im Anschluß an G. E. L. Owen (vgl. sein *Logic, Science, and Dialectic. Collected Papers in Greek Philosophy*, hrsg. von M. Nussbaum, Ithaca, N. Y., 1986, S. 65–84), auch der *Timaios* als »mittlerer« Dialog betrachtet.

5 Vgl. dazu besonders E. Hoffmann, »Methexis und Metaxy bei Plato«, in: E. H., *Drei Schriften zur griechischen Philosophie*, Heidelberg 1964, S. 29–51.

Ewige und Unsterbliche, soweit es im Irdischen Platz haben kann (206e). Im *Phaidon* liegt der Akzent ganz und gar auf dem Jenseitigen. Hier gilt die Bemühung des Philosophierens der Loslösung und Trennung der Seele vom Körper (67d). All dies geschieht in der Hoffnung, daß das wahre Selbst seine eigentliche Bestimmung erlangt und die Zeit nach dem Tode mit den Göttern verbringt (81a).

Tod und Geburt gehören heute wohl nicht zu jenen Themen, die im eigentlichen Sinn als Sachfragen philosophischer Erörterungen gelten.[6] In der griechischen Philosophie sind die Voraussetzungen hierfür anders. Hier ist die Thematik von Leben und Tod offenbar von Anfang an präsent und in gewissem Sinn sogar der Brennpunkt aller Fragestellungen. Denn im Zentrum der Bemühungen dieses Denkens steht das Problem von Werden / Entstehen (*genesis*) und Vergehen / Untergang (*phthora*). Dieses Phänomen betrifft die Elemente insgesamt sowie alle aus ihnen hervorgehenden Gestaltungen (*kosmoi*), die die Wirklichkeit in ihrer Totalität ausmachen. In diesem Sinn wären Geburt und Tod etwa menschlicher Wesen sozusagen nur als Spezialfall dessen anzusehen, was ohnehin als Naturgeschehen gilt. In diesem Zusammenhang kommt dem Begriff *Physis* wesentliche Bedeutung zu: Die geläufige Übersetzung ist »Natur«. *Natura* stammt aus dem Lateinischen und heißt eigentlich »Ort der Geburt«, das dazugehörige Verb *nasci* bedeutet ›geboren werden, entstehen‹. Das Wort *physis* weist etymologisch (*phy-*) auf die Vorstellung des Keimens, Gebärens und Wachsens zurück und ist seiner Bildung nach (*-sis*) als Nomen actionis einzuschätzen, d. h. als Bezeichnung des Vorganges selbst. *Physis* war, dies läßt sich indirekt auch aus Platons polemischen Äußerungen ersehen (*Phaidon* 96a, *Philebos* 59a), für die frühen

---

6 Hingegen werden Fragen der Definition und Bewertung diskutiert in: J. F. Rosenberg, *Thinking Clearly About Death*, Englewood Cliffs (N. J.) 1983; Th. Nagel, *Über das Leben, die Seele und den Tod*, übers. von K. E. Prankel und R. Stöcker, Königstein i. Ts. 1984.

Denker der Inbegriff von Wirklichkeit schlechthin. *Physis* bedeutet hier also noch nicht wie heute eine Einschränkung der Realität und schon gar keine Segmentierung unterschiedlicher Seinsbereiche. Vielmehr erschöpft sich alles Wirkliche in der *Physis*; und historisch gesehen läßt sich sagen, daß im Begriff der *Physis* überhaupt erst ein Begriff von Wirklichkeit verfügbar wurde.

Wenn also das Bild von Wachstum und Wuchs im griechischen Denken frühzeitig eine beträchtliche Kraft entfaltete, so wird auch die begriffliche Einbettung der Phänomene von Geburt und Tod im Ganzen dieser Wirklichkeitsauffassung deutlich. Anaximander, der am Anfang der griechischen Philosophie steht, vertrat die Auffassung: »Anfang und Ursprung der seienden Dinge ist das Apeiron (das Grenzenlos-Unbestimmbare). Woraus aber das Werden ist den seienden Dingen, in das hinein geschieht auch ihr Vergehen nach der Schuldigkeit; denn sie zahlen einander gerechte Strafe und Buße für ihre Ungerechtigkeit nach der Zeit Anordnung« (DK 12 B 1)[7]. Allein das Apeiron selbst ist »ohne Alter«, »ohne Tod« und »ohne Verderben« (DK 12 B 2 f.); es verfügt mithin über jene Attribute, die im Mythos das Sein der Götter auszeichnen. – In Anaximanders Sicht sind Werden und Vergehen, Geburt und Tod also auf den einen Urgrund bezogen. Dieser »umfaßt« alles (DK 12 A 11), steht seinerseits aber als eine Art Ur-Eines diesseits aller Differenzierung und Individualisierung. Sterben und Vergehen sind dieser Schilderung nach als ein Zugrundegehen im eigentlichen Sinne des Wortes zu verstehen.[8] In abgeschwächter Form begegnet uns diese Auffassung auch bei Anaximanders Landsmann und jüngerem Zeitgenossen Anaximenes. Er betrachtete nämlich Luft als Urgrund und Ursprung (*arche*) alles anderen: »Wie unsere

---

7 *DK* steht für: *Die Fragmente der Vorsokratiker*, griech./dt., hrsg. von H. Diels und W. Kranz, Dublin ⁶1972.

8 So A. Hügli, »Zur Geschichte der Todesdeutung«, in: *Studia Philosophica* 32 (1973) S. 6.

Seele, die Luft ist, uns beherrschend zusammenhält, so umfaßt auch die ganze Weltordnung Hauch und Luft« (DK 13 B 2). Dabei war für ihn offensichtlich die Überlegung maßgeblich, daß Luft im gewissen Sinn der schlechthin fundamentale Stoff sei. Denn im Prozeß der Verdünnung wird sie Feuer, im Prozeß der Verdichtung erst Wasser und dann Erde (DK 13 B 1). Mithin lassen sich alle Prozesse, Vorgänge und Dinge sozusagen als Aspekte eines Vorgangs deuten, nämlich als quantitative Veränderung einer Grundqualität. Diese Auffassung wird auch für Diogenes von Apollonia wichtig, der am Ende der Reihe der Vorsokratiker steht. Auch er dachte an die Existenz eines Stoffes, der verschiedene Gestalten annimmt, ohne je wirklich ein anderer zu werden (DK 64 B 2 und 5).

Hier zeigt sich, daß Leben jeweils nichts anderes bedeutet als den gewachsenen Bestand einer spezifischen, partikularen Gestaltung, und Tod entsprechend nichts anderes als die Auflösung dieses Bestandes zu etwas anderem oder in etwas anderes. Freilich gibt es auch komplexere Betrachtungsweisen, nämlich die Heraklits einerseits und die des Empedokles andererseits. Der eine behauptete die Identität von Leben und Tod (DK 22 B 88), der andere bestritt die Realität von Geburt und Tod (DK 31 B 8).

Heraklit entwickelte seine Auffassungen in Auseinandersetzung mit Anaximanders Annahme eines gewissermaßen rechtlich geordneten Wechsels von Werden und Vergehen. Dies geht aus DK 22 B 80 hervor: »Man soll aber wissen, daß der Krieg gemeinsam (allgemein) ist und das Recht der Zwist und daß alles geschieht auf Grund von Zwist und Schuldigkeit«. Damit kritisiert er Anaximanders Vision einer sich immer wieder einpendelnden Natur- und Rechtsordnung: Die Vorgänge von Übergriff und Wiederherstellung sind nicht etwa als sukzessive Phasen anzusehen, sondern als dialektisches Zusammen (DK 22 B 62: »Unsterbliche: Sterbliche, Sterbliche: Unsterbliche, denn das Leben dieser ist der

Tod jener und das Leben jener der Tod dieser«). Indem ein
Element wird, lebt es den Tod des anderen (DK 22 B 36 und
77). Aber es gibt seinerseits zugleich etwas von sich ab (DK 22
B 31 und 30). Mithin gilt auch bei der Betrachtung solcher
Phänomene wie Tod und Leben, was auch sonst für das
menschliche Denken typisch ist: Es wirft der Wirklichkeit
begriffliche Raster über und segmentiert die Realität somit in
unzulässiger Weise. Mit der Verwendung von Namen und
dem dabei intendierten Wirklichkeitsbezug heben wir nur
einen Aspekt hervor und zerstören so das Ganze.[9]

Empedokles' naturphilosophische Auffassungen gehen von
der Annahme der Existenz vierer im Kreislauf der Dinge
selbst »unerschütterlicher« (DK 31 B 17,14) Elemente aus:
Luft, Wasser, Erde, Feuer. Diese Grundstoffe betrachtet er
als »Wurzeln« (*rhizomata*) alles Seienden (DK 31 B 6,1). Die
Dinge und Gestaltungen ergeben sich durch Mischung und
Entmischung der Elemente. Mit dieser Annahme versucht er,
der logisch-ontologischen Forderung des Parmenides Rechnung zu tragen, der *Werden* und *Vergehen* als leere Begriffe
entlarvt hatte: die geläufige Vorstellung, daß etwas wird bzw.
vergeht, ist in Parmenides' Augen deshalb unhaltbar, weil
Werden immer ein Werden aus Nichts und Vergehen immer
ein Vergehen zu Nichts sein müsse. Die Begriffe von Nichts
bzw. Nicht-Sein entziehen sich aber unserer Denkbarkeit
(DK 28 B 2,6 f.). Damit sind Werden und Vergehen ausge-
schlossen (DK 28 B 8,21.27 f.).

Parmenides' Gedanke ist eindrucksvoll. Doch geht seine
extrem rationalistische Argumentation in einem Punkt fehl.
Denn er scheint die Bedeutung von »--- ist nicht ---« der
Logik des »--- existiert nicht ---« anzugleichen und »Nicht-
Sein« überwiegend als Eigenname für *Das Nichts* aufzufas-
sen. Daß es kein Werden und Vergehen im absoluten Sinne

---

9 Vgl. B. Snell, »Die Sprache Heraklits«, in: B. S., *Gesammelte Schriften*,
Hamburg 1966, S. 129–151, bes. S. 141; A. Graeser »On Language, Thought
and Reality in Ancient Greek Philosophy«, in: *Dialectica* 31 (1977)
S. 358–388.

gibt, wäre im übrigen kein Hinderungsgrund, von Werden und Vergehen in einem relativen Sinn zu sprechen. So scheinen es ja auch Platon und Aristoteles zu tun. Doch waren Parmenides' unmittelbare Nachfolger sehr bemüht, die Forderungen der Parmenideischen Seins-Logik mit dem augenscheinlichen Befund der Veränderung in der Welt irgendwie zu versöhnen. In diesem Sinn sagt Empedokles: »Geburt ist (gibt es) von keinem einzigen unter allen sterblichen Dingen, auch nicht ein Ende im verwünschten Tod, sondern nur Mischung und Austausch der gemischten Stoffe ist: Geburt wird nur dafür bei den Menschen als üblicher Name gebraucht« (DK 31 B 8). Des weiteren hält Empedokles fest: »Diese freilich sagen, wenn sich beim Menschen die Elemente mischen und zum Äther gelangen oder bei wilden Tieren Geschlecht oder der Pflanzen oder der Vögel, dann entstehe dies; aber wenn sie sich von einander scheiden, dann nennen sie dies wiederum unseliges Todesgeschick. Was Recht ist, sprechen sie nicht; doch dem Brauche nach sage ich auch so dazu« (DK 31 B 9).

Auch Empedokles kritisiert also die landläufige Vorstellung von Geburt und Tod und beruft sich auf die Einheit des Lebens im Kreislauf der Dinge (DK 31 B 17). Er ist damit weniger radikal als Parmenides. Denn dieser leugnete jede Art von Veränderung, sprach von einem steten Jetzt (DK 28 B 8,5) und brandmarkte die sinnfällige Erfahrung von Wandel als Täuschung, Schein und Irrtum. Empedokles hingegen stellt nur die Rechtmäßigkeit der Verwendung der Worte »Geburt« und »Tod« in Abrede. Freilich scheint dies nur eine Seite seiner Auffassungen zu sein. Denn in seinem Reinigungslied (*katharmos*) warnt Empedokles vor dem Verzehr von Fleisch; und er illustriert dies mit dem schrecklichen Bild des Vaters, der seinen Sohn tötet (DK 31 B 136 und 137). Diese und andere Vorstellungen setzen offensichtlich einen Begriff von personaler Identität voraus; und es wäre wissenswert, ob sich die Auffassungen, die sich in den *katharmoi* finden, mit denjenigen Meinungen vereinbaren lassen, die in seinem naturphilosophischen Lehrgedicht zum Ausdruck kommen.[10]

Platons Wirklichkeitsauffassung läßt sich als Verschmelzung und Weiterentwicklung der Gedanken von Parmenides und Heraklit verstehen, der Konzeption eines starren unveränderlichen Seins einerseits und der Konzeption einer sich im Fluß befindlichen Welt der Erfahrung andererseits. Bei Platon fügen sich beide Weltansichten zu Gliedern einer dualistischen, dichotomischen Wirklichkeitsbetrachtung. Auf der einen Seite die Parmenideische Welt des Seins, auf der anderen Seite die Heraklitische Welt des Wandels. Die Welt des Seins, die allein dem Denken zugänglich ist (*Phaidon* 79d), repräsentiert die Ideen. Die Welt des Werdens, die der Wahrnehmung zugeordnet ist, stellt sich als vergängliche Abbildung der Ideen jenseits von Raum und Zeit dar.

Das Wort »Idee« (*eidos, idea*) heißt eigentlich soviel wie »sichtbare Gestalt« und wird von Platon zur Bezeichnung des gewissermaßen geistig erschaubaren Wesens verwendet. Für die Griechischsprechenden liegt ein solcher Zusammenhang insofern nahe, als *eidos* etymologisch mit dem Wort für »ich weiß« (*oida*) verwandt ist und eigentlich soviel heißt wie »ich habe gesehen«. Dies erklärt im übrigen auch, daß Wissen in der griechischen Philosophie und so auch bei Platon vornehmlich als Bekanntschaftsbeziehung empfunden wird. Im Unterschied zu unseren Denkgewohnheiten, für die der Gegenstand des Wissens dasjenige ist, was im Daß-Satz zum Ausdruck gebracht wird, dominiert im griechischen Sprach-Denken mithin die Vorstellung vom Kennen einer Sache. In diesem Sinn sind die Ideen Gegenstände geistiger Bekanntschaft. Doch sind sie nicht nur dies. Denn es heißt auch, daß

10 Zu diesem Problem vgl. C. H. Kahn, »Religion and Natural Philosophy in Empedocles' Doctrine of the Soul«, in: *The Presocratics. A Collection of Critical Essays*, hrsg. von A. P. D. Mourelatos, New York 1975, S. 426–456. Zur Nachwirkung von Empedokles vgl. D. A. Dombrowski, *The Philosophy of Vegetarianism*, Cambridge (Mass.) 1984, S. 22 ff.

die Ideen das sind, auf das alles Übrige hinstrebt, um so zu
sein wie die Ideen, ohne es jedoch je auch nur angehend voll-
gültig zu erreichen (*Phaidon* 74e–75a). Mithin verkörpern die
Ideen eben nicht nur Unwandelbarkeit und Identität (78d),
sondern auch Normativität und Idealität. Diesen Gedanken
versucht Platon dadurch zu akzentuieren, daß er die Ideen
auch als Eingestaltiges charakterisiert (78d, 83b). Eingestal-
tigkeit soll, zusammen mit dem Begriff Reinheit (83e; *Symposion* 211b), hier soviel besagen, daß die Ideen jeweils nur das
sind, was sie sind, wohingegen die vielgestaltigen, zusam-
mengesetzten und mithin auch wieder auflösbaren Dinge in
der Welt der Erfahrung jeweils eine Reihe von Bestimmungen
und Sachhaltigkeiten an den Tag legen (vgl. auch 80b). So ist
das Schöne-an-sich bzw. Schönheit-an-sich als Idee insofern
ausgezeichnet, als es hier um die Eigenschaft rein für sich
geht. Anders begegnet uns in der Welt der Wahrnehmung
Schönheit etwa als Schönheit dieser Statue, dieser sittlichen
Handlung oder auch als Schönheit dieser Melodie; sie begegnet uns freilich nie für sich, nie ohne das, dessen Schönheit sie
ist oder ausmacht.

Dies also ist der Hintergrund jener Überlegungen, die Platon
zu der Auffassung veranlaßten, die Ideen seien Urbilder,
die raum-zeitlichen Dinge hingegen nur Abbilder. Dieser
Gedanke, der namentlich auch im *Timaios* dargelegt wird, hat
freilich noch weitere Dimensionen. Offensichtlich besteht ja
zwischen den Ideen hier und den raum-zeitlichen Dingen
dort eine Beziehung, die nicht nur äußerlicher Art sein kann.
Wie verhalten sich die Ideen also zu den Dingen in der Welt
der Wahrnehmung? Auf diese Frage gibt der *Phaidon* zwei
Antworten. Die eine geht dahin, daß die Ideen sozusagen das
sind, was Dinge als Eigenschaften aufweisen. Die andere
Antwort besagt, daß die Ideen als Ursachen fungieren, nämlich als Ursachen für das Sein der Dinge. So geht aus 103b
unzweifelhaft hervor, daß die Ideen *in* den Dingen sind; und
im Zusammenhang von 100d heißt es, daß alles, was schön
ist, *durch* das Schöne so ist, wie es ist. Kurz zuvor hat Sokra-

tes bereits geltend gemacht, daß Dinge außer dem Schönen
selbst nur deshalb schön seien, weil sie am Schönen teilhaben
(100c). Statt »Teilhabe« finden sich in 100d noch die Begriffe
»Gemeinschaft« (*koinonia*) und »Anwesendheit« (*parusia*).
Diese Beschreibungen lassen sich vielleicht nicht ohne weiteres auf einen einheitlichen Begriff bringen. Wenn die Ideen
ausdrücklich als transzendente Wesenheiten bestimmt worden sind, wie können sie dann *de facto* doch in der Welt sein?
Fragen dieser Art haben nicht erst die Interpreten im 20. Jahr-
hundert beunruhigt. Offensichtlich haben sie bereits die jün-
geren Mitarbeiter in der Akademie beschäftigt. So gab es verschiedene Versuche, die mysteriöse Teilhabe-Beziehung zu
verdeutlichen. Freilich gab es wohl auch Versuche, den
Ansatz Platons als inkohärent zu erweisen. Zeugnis solcher
Diskussionen ist der erste Teil des Dialoges *Parmenides*. Hier
schildert Platon den jungen, selbstbewußten Sokrates im
Gespräch mit dem greisen, philosophisch ausgebufften Parmenides. Das Gespräch soll wohl zeigen, wo Quellen mögli-
cher Mißverständnisse liegen.[11]

Hier nun stellt sich die Frage, welche Stelle der Seele inner-
halb dieses Wirklichkeitsverständnisses zukommt. Aus
78b–80a geht hervor, daß die Seele im Zweifelsfall eher den
Ideen verwandt ist und in diesem Sinn als ideenhaft zu gelten
hat. An späterer Stelle (103a ff.), nämlich im Zusammenhang
des letzten Unsterblichkeitsbeweises, drückt sich Sokrates
freilich bisweilen so aus, als sei die Seele Idee. Wie aber kann
eine Idee oder auch nur ein ideenhaftes Gebilde die Funktion
der Seele wahrnehmen? Was versteht Platon also unter
Seele?
Ds Wort *psyche* heißt eigentlich ›Hauch‹. In der frühen Literatur bezeichnet *psyche* den schattenhaften Doppelgänger
(*eidolon*), der nach dem leiblichen Tod in die Unterwelt
gelangt und dort ein nahezu bewußtloses Dasein fristet.

11 Zu diesem Komplex vgl. R.-P. Hägler, *Platons ›Parmenides‹*, Berlin 1983.

Eigentlich psychologische Merkmale eignen diesem Seelen-Begriff noch nicht. Um so wichtiger ist es, zu sehen, daß »Seele« in Platons Sicht der Dinge eine Reihe von Vorstellungen in sich begreift, die vorher geschieden waren.[12] Davon zeugt auch der *Phaidon*. Die Seele gilt hier als Träger der Persönlichkeit, als Erkenntnisinstanz, als Subjekt moralischer Verantwortlichkeit, sowie als Lebensprinzip. Bis auf die letztgenannte Vorstellung, die offenbar erstmals im *Phaidon* erwähnt wird, handelt es sich hier um Gesichtspunkte, die auf frühere Dialoge zurückweisen.

So ist im *Kriton* recht unbestimmt von jenem Teil oder Prinzip in uns die Rede, das von schlechten Handlungen in Mitleidenschaft gezogen wird (47d, 47e–48a). Im *Euthydemos* gilt die Seele als das, mit dem wir erkennen (295e). Im *Charmides* wiederum wird, unter Hinweis auf einen thrakischen Arzt, die Seele als dasjenige charakterisiert, von dem aus sowohl für den Körper als auch für den gesamten Menschen alles Gute und Schlechte stamme (156d ff.). Dabei zeigt eine Analyse des schwierigen Textes, daß die Seele selbst hier als ganzheitliches Selbst des Menschen aufgefaßt wird, von dem der Körper eigentlich nur Teil ist. In eine gänzlich andere Richtung weisen die Erörterungen des Dialoges *Alkibiades I*. Zwar wird auch hier die Seele als Mensch ausgegeben (130c). Doch erfährt der Begriff »Selbst« dann eine merkliche Verengung auf den Begriff des Göttlichen in uns; so wird schließlich eine Gleichsetzung von Selbst und Geist vorgenommen. (Diese Auffassung hat eine frappante Ähnlichkeit mit jener Vorstellung, die Aristoteles in den Schlußkapiteln seiner *Nikomachischen Ethik* entwickelt.) Im *Protagoras* finden wir eine Gleichsetzung von »Seele« und »du selbst« (313b), mit der Implikation, daß die Seele auch das ist, was Schaden nimmt. Dies alles fügt sich zu der Sokratischen Vorstellung, daß sich der Philosoph in erster Linie um die Seele zu kümmern habe. Am schärfsten scheint die Entgegensetzung von Seele und

---

12 Dazu siehe jetzt J. Bremmer, *The Early Greek Concept of Soul*, Princeton 1983.

Leib im *Gorgias* ausgesprochen zu werden. Hier handelt es sich buchstäblich um »zwei Dinge« (464b); doch zeigt der Kontext, daß die Seele hier ähnlich wie der Leib als etwas Komplexes gesehen wird, nämlich als Ordnung und Gestaltung (504c). Entsprechend kommt alles darauf an, diese Ordnung zu bewahren. So ist also der Philosoph Arzt der Seele. Doch findet sich im *Gorgias* auch – und zwar im Anschluß an das Euripides-Zitat: »Wer weiß, vielleicht ist das, was wir Leben nennen / wirklich Tod, und Tod ist wirklich Leben« – der Hinweis auf jene Vorstellung, wonach der Leib das Grab der Seele ist (493a, *Kratylos* 400c).

Diese Vorstellung bestimmt auch die Gedankenwelt des Dialogs *Phaidon* (62b) und hier insbesondere auch die Überzeugung, daß Philosophieren eigentlich soviel heiße wie Befreiung der Seele vom Leib.

So hat Platon offenbar keinen einheitlichen Seelen-Begriff entwickelt.[13] Für die Unsterblichkeitsbeweise des *Phaidon* wirkt sich dies nachteilig aus. Denn die Argumentationen beziehen sich auf verschiedene Seelen-Begriffe bzw. auf unterschiedliche Elemente der Seelen-Vorstellung. Daß Sokrates, der ansonsten als Pedant und unbeugsamer Verfechter präziser Definitionen gilt, hier so nachlässig wirkt, hat viele moderne Kritiker irritiert. Die meisten Interpreten sehen darin eine ernsthafte Schwächung des philosophischen Anliegens dieses Dialoges. Andere Interpreten tendieren dagegen zu der Annahme, daß Platon diese Schwächen durchaus als solche empfand.[14] Doch warum sollte ein Philosoph Argumentationen skizzieren, deren Brüchigkeit er sah? Nun steht außer Zweifel, daß Platon seinen Sokrates oft genug mit Trugschlüssen operieren läßt, um so eine didaktisch fruchtbare Situation zu schaffen. Freilich finden sich in

---

13 Vgl. T. M. Robinson, *Plato's Psychology*, Toronto 1970; A. Graeser, *Probleme der Platonischen Seelenteilungslehre. Untersuchungen zur Frage der Kontinuität im Denken Platons*, München 1969.

14 So H.-G. Gadamer (Anm. 3) S. 188.

den Dialogen immer wieder auch Stellen, an denen der Autor Platon einfach irrt und fehlgeht. Wo hier die Grenze zu ziehen ist, läßt sich nicht immer methodisch sicher ausmachen.

Der erste Beweis (69e–72e) erweist sich bei näherer Betrachtung weniger als ernsthafte Argumentation denn als ein Gedankenexperiment, das dazu dient, einige Grundbegriffe in die Diskussion einzuführen. Daß dies so ist, scheint aus folgender Überlegung hervorzugehen: Bei der These (69e–70a), zu der sich Sokrates äußern soll (70b), handelt es sich – zumal in Platons Augen – um eine sozusagen vulgärmaterialistische Auffassung, wie sie auf dem Hintergrund der neueren Naturphilosophie (vgl. dazu 96a ff.) erwächst. Danach gilt, daß sich die Seele einfach verflüchtigt. Der Hinweis »Rauch« nimmt zwar ein hier relevantes homerisches Bild auf (*Ilias* 22,100), nicht aber auch die Implikation, daß die Seele in den Hades gelangt. Dieser sozusagen avantgardistischen These hält Sokrates den Tenor der »alten« (70c), speziell religiös bedeutsamen Lehre von Geburt und Wiedergeburt entgegen. Aber die eigentliche Pointe seines Vorgehens scheint darin zu bestehen, daß er diese speziell ehrwürdige Lehre, die auf Pythagoras zurückweist,[15] hier mittels einer naturphilosophischen These zu stützen versucht. In diesem Vorgehen liegt beträchtliches Raffinement: Dieselbe Naturphilosophie, die sich gegen die Annahme der Unsterblichkeit (*athanasia*, wörtlich ›Todlosigkeit‹) zitieren läßt, gestattet offensichtlich auch Schlüsse, die sich für die gegenteilige Annahme verwenden lassen und zudem sogar die Lehre von Geburt und Wiedergeburt stützen können.

Die naturphilosophische These, mittels deren Sokrates die Pythagoreische Lehre von Geburt und Wiedergeburt stützen will, ist wohl die Gegensatz-Lehre Heraklits: »Ein und das-

---

15 Siehe dazu die grundlegenden Untersuchungen von W. Burkert, *Lore and Science in Ancient Pythagoreanism*, Cambridge (Mass.) 1972, bes. S. 120–165 (»Metempsychosis and ›Shamanism‹«); C. H. Kahn, »Pythagorean Philosophy before Plato«, in: *The Presocratics* (Anm. 10) S. 161–188.

selbe ist Lebendiges und Totes, und Wachendes und Schla-
fendes, und Junges und Altes; denn dieses schlägt um und ist
jenes und jenes wiederum schlägt um und ist dies« (DK 22 B
88). Nun war Heraklit sicher kein Bewunderer des Pythagoras. Noch weniger scheint sich seine Gegensatz-Lehre für das
zu eignen, was die Pythagoreische These von Geburt und
Wiedergeburt verlangen müßte: nämlich eine gewissermaßen
identische, vom Wandel der Dinge selbst ausgenommene
Seele. Heraklit aber spricht ja ausdrücklich auch vom Tod der
Seelen. Daß Seelen wieder entstehen bzw. verdunstetes Wasser z. T. wieder zu Seele wird (s. S. 110), wäre für den ortho-
doxen Pythagoreismus keine wesentliche Hilfe. Denn in
unserem Kontext kommt es vor allem auf den Gedanken an,
daß die Seelen in die Unterwelt gelangen. Genau dies kann die
Theorie Heraklits nicht gewährleisten. Insofern wäre das
Gedankenexperiment mit dem naturphilosophischen Ansatz
mißlungen. Freilich zeigen sich auch im Detail eine ganze
Reihe von Unzulänglichkeiten. So ist es weder richtig, daß
alles aus Gegensätzen entsteht. Noch scheint es gerechtfer-
tigt, Schlaf und Wachen in solch strikter Analogie zu Todsein
und Lebendigsein zu betrachten. Schließlich kann das Gegen-
satz-Modell zumindest in der vorliegenden Form auch nicht
zur Beschreibung solcher Phänomene wie Zeugung und
Geburt herangezogen werden.
Das zweite Argument (72d–78b) soll offenbar jene Lücke
füllen, die die frühere Diskussion nicht geschlossen hatte. Sie
soll nämlich eigens zeigen, daß die Seelen auch schon vor der
Geburt bereits im Hades sind (76c). Dieses Argument macht
sich die These vom Lernen als Wiedererinnerung zunutze,
die plötzlich im Raum steht und interessanterweise nicht
von Sokrates selbst als Beweisgrund eingeführt wird. Der
Gedanke ist den Unterrednern vertraut; und der Leser Platons kennt ihn aus dem Dialog *Menon*. Dort wurde ein
Knabe, der nie zuvor Geometrie-Unterricht genossen hat,
durch geeignete Fragen und Anleitungen in die Lage versetzt,
gewisse Aufgaben zu lösen (81c–86a). – In Platons Sicht der

Dinge entwickelt sich das Gespräch im *Phaidon* nun weiterhin recht günstig. Denn die Beispiele, die im Rahmen der Erläuterung der These vom Lernen als Wiedererinnerung herangezogen werden, sind zugleich Plädoyer für die Ideenlehre; und die Ideenlehre bildet dann auch den Fundus für die dritte und die vierte Beweisführung.

Zweifellos berühren die Gedanken über Lernen als Wiedererinnerung ein wichtiges und auch heute zentrales Problem der Philosophie. Denn es geht hier um das Problem erfahrungsfreier, d. h. apriorischer Erkenntnisse. Dieses Problem wurde im Anschluß an Kants Überlegungen zum »synthetischen Urteil a priori« sogar zur Schicksalsfrage der Philosophie erklärt: Falls es keine erfahrungsfreien Urteile über die Wirklichkeit gäbe, so wären philosophische Urteile über die Wirklichkeit samt und sonders erfahrungswissenschaftlicher Art. Die Philosophie selbst verfügt dann also über keine eigene Erkenntnisquelle. – Doch mag man sich fragen, ob Platon seine These tatsächlich plausibel macht. So ist zweifelhaft, daß die Erfahrung, daß wir Dinge vor uns haben, die nicht absolut gleich sind, uns zu dem Schluß nötigt, den Platon zu ziehen scheint. Immerhin wäre ja auch denkbar, daß wir Perfektionsbegriffe wie ›das absolut Gleiche‹ auch auf andere Weise gewinnen können, nämlich z. B. auf dem Weg einer Idealisierung. Wenn Platon tatsächlich meint, daß wir Begriffe dieser Art in einem vorweltlichen Leben sozusagen direkt erschaut haben müssen, so mag diese Vorstellung durch das latente Gewicht der Auffassung vom Wissen als einer Bekanntschaftsbeziehung gefördert worden sein.

Das dritte Argument (78b–84b) schließt sich in einem wichtigen Punkt an die vorausgegangenen Überlegungen an. Denn nun steht die Frage zur Debatte, mit welcher Art von Gegenstandsbereich die Seele eigentlich verwandt sei. Doch wurde die Seele spätestens seit dem zweiten Beweis als Erkenntnisinstanz beschrieben, und die Gegenstände selbst, die ihr in besonderer Weise zugeordnet sind, haben den Status von Ideen. Damit ist das Terrain für den neuen Beweis vorberei-

tet: Die vergänglichen Dinge sind zusammengesetzt und auf-
lösbar, das reine Sein hingegen ist einheitlich und ewig. Die
Seele aber vermag das reine Sein zu erkennen und ist ihm also
ähnlich und mithin nicht-zusammengesetzt. Der Gedanke
selbst enthält Überlegungen, die in der Geschichte der Philosophie eine geradezu überragende Bedeutung erlangt
haben. Da ist erstens die von Parmenides her inspirierte These
der Identität von Denken und Sein (DK 28 B 3 u. ö.); und da
ist zweitens das speziell von Empedokles formulierte Prinzip
der analogen Seinsweisen des Erkennenden und des Erkannten (DK 31 A 86; B 22,5 u. ö.). Doch was würde der Schluß
auf die Affinität der Seele zu dem Bereich intelligiblen Seins
erbringen? Nicht allzuviel. So ist es sicher eine Sache zu
sagen, daß die Seele als Erkenntnisinstanz von der beschrie-
benen Art über bestimmte Strukturen verfügen müsse, die sie
zu Erkenntnisleistungen besonderer Art befähigen. Doch ist
es eine andere Sache zu sagen, daß die Seele bzw. das Bewußt-
sein de facto von den Modalitäten des Seins der Gegenstände
selbst bestimmt werde.

Der vierte Beweis (84c–107b) soll verbliebene Unklarheiten
ausräumen. Insbesondere geht es um Kebes' skeptische
Überlegung, daß noch die Seele ihrer eigenen Natur nach als
unvergänglich ausgewiesen werden müßte. Somit liegt das
Beweisziel klar vor Augen. Es ähnelt jenem Gedanken, der
für einen bestimmten Typus von Gottesbeweis leitend werden sollte. So haben Anselm von Canterbury und später René
Descartes die Existenz Gottes als denknotwendiges Implikat
des Gottesbegriffes selbst darzutun versucht. Für den einen
war hier der Begriff des schlechthin vollkommenen Wesens
(»ens perfectissimum«) maßgebend, für den anderen der
Begriff Gottes als notwendigen Wesens (»ens necessarium«).
Platons Strategie ist es, die Seele als Lebensbringer zu charakterisieren. Von daher versucht er, Tod, Zerstörung und
Untergang als Eigenschaften bzw. Zuständlichkeiten auszu-
weisen, die mit dem Merkmal »Lebensbringer« inkompatibel
sind und so die Seele selbst auch nicht berühren können.

Nun bedarf schon die Art dieses Vorgehens offenbar einer besonderen Rechtfertigung. Denn der von Sokrates hier eingeschlagene Weg, begriffliche Beziehungen als Erklärungen (*aitia*, wörtlich ›Schuld, Ursache, Grund‹) anzuführen, kontrastiert wohl mit jenem Verfahren, das für die zeitgenössische Naturphilosophie (96a: *historia peri physeos*) maßgeblich war; und Sokrates selbst gibt zu verstehen, daß er seine Art der Betrachtung in Auseinandersetzung mit dem naturphilosophischen Denken seiner Zeit entwickelte, welches er als mangelhaft ansah. Doch warum nennt er sein Vorgehen dann »zweitbeste Fahrt« (99c)? Hier gehen die Meinungen in der Forschung ebenso auseinander[16] wie hinsichtlich der Frage, wie man den Ausdruck selbst zu deuten habe. Handelt es sich um eine Ruderfahrt, mit der man dann vorliebnehmen muß, wenn der Wind ausgesetzt hat? Ist der Ausdruck womöglich ironisch gemeint? Immerhin weiß man, daß Platon die Naturphilosophie seiner Zeit mit großem Mißtrauen beobachtete (vgl. auch *Nomoi* 10) und seine Ideenlehre als sachgemäße und überlegene Theorie ansah. So bietet denn auch die Frage des Kebes Anlaß, die Ideenlehre förmlich einzuführen und ihr erklärerisches Potential sinnfällig werden zu lassen.

Der für das Beweisziel relevante Teil beginnt 100b und endet 107a. Der Gedankengang ist außerordentlich kompliziert und nicht in allen Stücken stimmig; und so mag man sich fragen, ob es sich bei dem Passus 103c11–105c9 nicht gar um einen unechten Zusatz handelt.[17] Doch läßt sich der Grundgedanke vielleicht folgendermaßen charakterisieren: In einem ersten Schritt expliziert Sokrates, was er unter »Erklärung« versteht. Um eine Erklärung handelt es sich demnach da, wo man die Frage »Warum ist x f?« im Rekurs auf die Ideenlehre (s. S. 113) beantwortet. So verfügt ein Gegenstand x dann über

---

16 Siehe jetzt W. W. Tait, »Plato's Second Best Method«, in: *Review of Metaphysics* 39 (1986) S. 455–482.

17 Siehe G. Müller, »Unechte Zusätze im Platontext«, in: G. M., *Platonische Studien*, hrsg. v. A. Graeser und D. Maue, Heidelberg 1986, S. 128–135.

die Eigenschaft f, wenn es eine gleichnamige Idee F gibt und x an dieser teilhat (100b–d). Diese Erklärungsweise nennt Sokrates »einfach«, »schlicht« und »simpel« (100d). Daneben gibt es offenbar auch eine »feinere« Erklärungsform (105c). Demgemäß würde man die Frage »Warum ist x h?« (»Warum ist/wird der Körper heiß?«, 105b) nicht so beantworten, daß man sich auf die Teilhabe von x an der gleichnamigen Form Hitze (H) beruft. Vielmehr würde man sagen, daß x fiebrig ist (f), also an der Form Fieber (F) teilhat, welche ihrerseits die Form Hitze (H) mit heranbringt, so daß x, wenn es f ist, auch h ist (105b). Analoges läßt sich in bezug auf das begriffliche Verhältnis von Krankheit und Fieber, Ungeradheit und Einheit sagen. Demnach wäre eine Zahl, z. B. Drei, nicht deshalb ungerade, weil sie an der Idee Ungeradheit teilhat. Laut der »feineren« Erklärungsform müßten wir sagen, eine Zahl z sei ungerade, weil sie an der Idee Dreiheit teilhat, Dreiheit aber Ungeradheit enthält und diese an z mit heranträgt.

Wie paßt nun die Seele in dieses Bild begrifflicher Verwebungen? 100c–d stellt Sokrates die Frage: »Was wird in einen Körper kommen müssen, wenn er leben soll?« Gemäß der »einfachen« Erklärungsstruktur würden wir vielleicht antworten, daß der Körper dazu an der Idee Leben teilhaben müsse. Also wäre x l, weil x an der Idee L teilhat. Die »feinere« Erklärungsform freilich gebietet die Antwort: x ist l, weil x an der Form S teilhat, S aber L an x mit heranträgt. Nur drückt sich Platon hier nicht so aus. Er sagt: »So bringt also die Seele dem, dessen sie sich bemächtigt, stets Leben« (105c). Damit vermeidet er zwar das Zugeständnis, daß die Seele eine Idee ist, an der der Körper teilhat; und diese Vorsicht ist verständlich. Denn Ideen sind ja ihrem Status nach Universalien und nicht etwa Einzeldinge. Doch bleibt das Problem, daß die Erklärungsstruktur selbst ja auf der Annahme der Realität der Teilhabe-Beziehung beruht. Teilhabe ist aber, zumindest in den mittleren Dialogen, als Beziehung definiert, die zwischen Einzeldingen einerseits und Universalien andererseits statthat; und Universalien sind seit den frühen Dialogen dadurch charakterisiert, daß sie an mehr als einem Ding vorkommen. Nur wäre dem Unsterblichkeitsglauben mit der Annahme einer Teilhabe etwa an einer Idee Seele, die an sich allgemein wäre, kaum geholfen. Andererseits stellt sich nun die Frage, ob die Seele hier nun von Platon nicht analog etwa einer immanenten Eigenschaft Schönheit behandelt wird oder gar als Substanz-Seele in Erscheinung tritt? Wie dem auch sein mag, [18] im Nachfolgenden versucht Platon zu zeigen, daß sich konträre Begriffe selbst ausschließen und das Verhältnis der Inkompatibilität auch für jene Glieder anzunehmen ist, die zu einander im Verhältnis von ›Heranträger‹ (z. B. ›Dreiheit‹, ›Seele‹) und ›Gegenteil des Herangetragenen‹ (z. B. ›Geradheit‹, ›Tod‹) stehen. Danach kann die Seele unter keinen Umständen das Gegenteil von dem annehmen, was sie heranträgt. Sie wäre mithin untot, unzerstörbar und unsterblich.

Dieser Gedanke ist philosophisch bedeutsam und in Platons Augen sicher beweiskräftig. So wie man dem Ontologischen Gottesbeweis entgegenhielt, daß er gelte, vorausgesetzt, Gott existiere, so wird man diesen Beweis unter der Voraussetzung in Betracht ziehen, daß es die Seele in der von Platon hier angenommenen Weise gibt. Doch bleiben auch dann noch zahlreiche Unklarheiten bestehen. Behandelt Platon das Herangetragene (z. B. ›Krankheit‹) als Eigenschaft des Heranträgers (also ›Fieber‹)? In diesem Fall wäre die Idee selbst krank! Oder versteht er Krankheit in diesem Fall als begriffliches Merkmal von Fieber, dergestalt, daß alles, was unter den Begriff fällt, bestimmte Eigenschaften aufweist, die die Merkmale des Begriffs ausmachen? Verfügt die Seele also über Todlosigkeit in dem Sinne wie ein Begriff ein Merkmal hat? In diesem Fall wäre aber nicht bewiesen, daß die Seele, als Begriff betrachtet, selbst todlos ist.

---

18 Die philosophischen Sachfragen werden gut von D. Gallop diskutiert: *Plato Phaedo*, Oxford 1975, und von K. Dorter, *Plato's Phaedo. An Interpretation*, Toronto 1982. Siehe auch R. Burger, *The Phaedo. A Platonic Labyrinth*, London 1984, und D. Bostock, *Plato Phaedo*, Cambridge 1986.

Der Dialog *Phaidon* hat die abendländische Philosophie in vieler Hinsicht bereichert.[19] Exemplarisch kann hier auf Moses Mendelssohns Nachbildung des Dialogs verwiesen werden. Darüberhinaus hat der *Phaidon* freilich auch eine Literaturgattung begründet, die unter dem Begriff »Trostliteratur« bekannt wurde. Aristoteles hat den Tod seines Freundes Eudemos im Jahre 354 v. Chr. zum Anlaß genommen, das Sujet des *Phaidon* in einem Dialog *Eudemos* wiedererstehen zu lassen. Auch hier wurden Überlegungen zur Unsterblichkeit der Seele entwickelt und Gedanken über die wahre Heimat der Seele. Der Platoniker Krantor (um 280 v. Chr.) verfaßte eine Schrift *Über das Leid*, und Cicero hat den Tod seiner Tochter in einer Trostschrift an sich selbst zu verarbeiten gesucht. Spuren dieser Gedanken finden sich im ersten Buch der *Gespräche von Tusculum*. Schließlich ist auch die Schrift *Trost der Philosophie* (*Consolatio philosophiae*) zu erwähnen, die der Philosoph Boëthius vor seiner Hinrichtung (524) im Kerker verfaßte.

Andreas Graeser

19 Siehe H. Wagner, »Platos Phaedo und der Beginn der Metaphysik als Wissenschaft«, in: H. W., *Kritische Philosophie*, hrsg. v. K. Bärthlein und W. Flach, Würzburg 1980, S. 175–188.

Inhalt

Griechische Literatur

IN RECLAMS UNIVERSAL-BIBLIOTHEK

Prosa

Äsop, *Fabeln.* Zweispr. 266 S. UB 18297

Antike Heilkunst. Ausgewählte Texte aus den medizinischen Schriften der Griechen und Römer. 250 S. UB 9305

Aristoteles, *Der Staat der Athener.* 128 S. UB 3010 – *77 Tricks zur Steigerung der Staatseinnahmen. Oikonomika II.* Zweispr. 95 S. UB 18438

Demosthenes, *Politische Reden.* Zweispr. 307 S. UB 957

Die griechische Literatur in Text und Darstellung. Zweispr. Bd. 1: *Archaische Periode.* 616 S. UB 8061 – Bd. 3: *Klassische Periode II.* 438 S. UB 8063 – Bd. 4: *Hellenismus.* 368 S. UB 8064 – Bd. 5: *Kaiserzeit.* 406 S. UB 8065

Herodot, *Die Bücher der Geschichte.* 1.–4. Buch. Auswahl. 128 S. UB 2200 – 5.–6. Buch. Auswahl. 87 S. UB 2204 – 7.–9. Buch. Auswahl. 128 S. UB 2206 – *Historien.* Zweispr. 1. Buch. 281 S. UB 18221 – 2. Buch. 248 S. UB 18222 – 3. Buch. 210 S. UB 18223

Hippokrates, *Ausgewählte Schriften.* 357 S. UB 9319

Julian Apostata, *Der Barthasser.* 88 S. UB 9767

Longinus, *Vom Erhabenen.* Zweispr. 157 S. UB 8469

Longos, *Daphnis und Chloe.* 176 S. UB 6911

Lukian, *Gespräche der Götter und Meergötter, der Toten und der Hetären.* 256 S. UB 1133 – *Symposion.* Zweispr. 96 S. UB 18377

Physiologus. Zweispr. 165 S. UB 18124

Plutarch, *Alexander. Caesar.* 224 S. UB 2495 – *Moralphilosophische Schriften.* 256 S. UB 2976

Polybios, *Historien.* 134 S. UB 6210

Die Sophisten. Zweispr. 405 S. UB 18264

Theophrast, *Charaktere.* Zweispr. 104 S. UB 619

Thukydides, *Der Peloponnesische Krieg.* 867 S. UB 1808 – *Der Peloponnesische Krieg.* Auswahl. Zweispr. 100 S. UB 18330

Die Wahrheit über die griechischen Mythen. Palaiphatos' »Unglaubliche Geschichten«. Zweispr. 152 S. UB 18200

Xenophon, *Des Kyros Anabasis. Der Zug der Zehntausend.* 285 S. UB 1184 – *Erinnerungen an Sokrates.* 175 S. UB 1855 – *Das Gastmahl.* Zweispr. 127 S. UB 2056

Philipp Reclam jun. Stuttgart

Reclam – Philosophie

Textausgaben
von der Antike bis heute

Textsammlungen, Reader

Lexika

Einführungen

Interpretationen

Philosophiegeschichte

Reclam